秦德純和他的回憶錄

秦德純——原著
蔡登山——主編

【導讀】
秦德純和他的回憶錄

蔡登山

秦德純（一八九三～一九六三），字紹文。山東省沂水縣後埠東村人。幼讀家塾，四書及《易經》、《左傳》等皆能成誦。年十三，考入沂水高等小學，肄業三年，成績甚佳。光緒三十四年（一九〇八）春，考入濟南陸軍小學。宣統三年（一九一一）赴北京

考入陸軍第一中學，值辛亥鼎革，學校暫停。民元後改稱陸軍第一預備學校，繼續就學。一九一四年春，升入保定陸軍軍官學校第二期步兵科。一九一六年畢業。曾任北京政府陸軍第五師團副，皖系參戰軍第一師參謀。一九二〇年入北京陸軍大學。一九二二年以優異成績在陸大第六期畢業。旋投效吳佩孚部屬靳雲鶚軍，駐防河南，由中級軍官升至師長。旋受命佐王為蔚軍長於河南，王為蔚逝世，秦德純接任軍長。靳雲鶚附馮玉祥，秦德純被馮玉祥任為第二集團軍第二方面軍副總指揮兼二十三軍軍長，不久又被調任為第二集團軍總司令部副總參謀長。一九二八

年國民黨北伐軍底定山東，孫良誠被任命為山東省政府主席，秦德純為省政府委員。一九三〇年秦德純任馮玉祥部宋哲元二十九軍總參議。一九三二年宋哲元出任察哈爾省政府主席，秦德純任省政府委員兼民政廳廳長。一九三三年，日軍進犯長城各口，宋部被編為第三軍團，秦德純任副總指揮，參與作戰。與馮治安、張自忠策定「反守為攻」戰略，分由喜峰口左右，經萬山崎嶇中，夜昔日軍側背，出敵不意，計殲滅日軍步兵兩聯隊、騎兵一大隊，破壞野戰砲十八門，造成喜峰口大捷。一九三五年六月五日，發生所謂「張北事件」，四名無護照日本軍人由多倫往張家口，途經張北縣被當地駐軍第二十九軍一三二師趙登禹部守衛官兵檢查，被送師部軍法處拘留。八小時後，察哈爾省主席宋哲元為避免引起事端，下令師長趙登禹予以釋放。但日方以受到「恐嚇」為藉口，要求中方「懲辦直接負責人」。十八日，國民政府行政院會議免去宋哲元察哈爾省主席之職，由秦德純代理。日本華北特務機關長土肥原賢二借題發揮，態度蠻橫，要索無理，秦德純痛心嘔血，竟致暈厥。幾經折衝，六月二十七日，秦德純與日方代表土肥原賢二在北平簽訂了《秦土協定》。《秦土協定》的簽定，使中國喪失了在察哈爾省的大部分主權。這一協定與《何梅協定》一起為日本吞併中國華北，開了方便之門。

同年初秋，秦德純奉召廬山面見蔣介石，蔣介石當場指示：「日本是實行侵略的國家，其侵略目標，現在華北，但我國統一未久，國防準備尚未完成，未便即時與日本全面作戰，因此擬將維持華北責任，交由宋明軒（哲元）軍長負責。務須忍辱負重，委曲求全，以便中央迅速完成國防。將來宋將軍在北方維持的時間越長，即對國家之貢獻愈大。只要在不妨礙國家主權領土完整大原則下，妥密應付，中央定予支持。此事僅可告宋軍長，勿向任何人道及為要。」故此後兩年間，秦德純與宋哲元在北平叢譏蒙謗，忍氣吞聲，與日人周旋，處境之苦，世人不知也。

同年十一月，秦德純調任北平市長，兼職仍舊。十二月九日，在北平，北大、清華、燕京、輔仁等各大學的同學發起「一二一九」大遊行，以白布大書「擁護二十九軍領導抗日」、「打到日本帝國主義」等標語，高呼反日口號，場面浩大，情勢嚴重，日方擬派憲兵鎮壓，伺機尋釁。秦德純通知遊行隊伍，下午六時在景山前集合，當與全體學生講話。屆時秦德純單人前往，事先預備麵包、飲水等，以慰勞遊行學生之飢渴；繼乃從容致詞。晚間，日武官告宋哲元：「今天幾千學生的遊行請願，被秦市長在景山一段話說服了！」除此而外，秦德純還是一位對言論自由持寬容態度的政治人物。一九三六年夏季，胡適主辦的《獨立評論》因一篇批評冀、察當局的文章被宋哲元叫停，秦德純當即表示反對，他對宋哲元說：這篇文章是春秋責備賢者的意思，並沒有謾罵與污蔑，不應叫他們停刊，這種處置實在重了一點……後經秦德純等人不斷緩頰，《獨立評論》終以復刊。

到了一九三七年五、六月間，情勢變得不容樂觀，日本使用武力侵略之企圖已成彎弓待發之勢。雙方軍隊時有衝突，以秦德純回憶：事變前之某日，我軍因出發演習，適日軍演習完畢回營，兩軍在路上相遇，彼此不肯讓路，致起衝突，相持竟日，雙方均有傷亡。自宋哲元離開北平後，秦德純堅守大原則與日方盡力周旋，「使日方無藉口餘地」。日本人則採用離間之手段，有意將二十九軍分化為抗日的中央派與和日的地方派，並認為秦德純是「抗日中央派的中堅分子」，「千方百計地攻訐詆毀、恐嚇威脅必欲去之而後快」，秦德純惟有「戒慎沉著，以靜制動，深恐一言不慎，一事失當，俾日人有所藉口，致陷交涉之困難」。秦德純採取克制態度，日本人仍得寸進尺，滋擾不休。一九三七年七月七日夜，秦德純突然接到冀察政務委員會外交委員會主委魏宗翰及負責對日交涉的林耕宇電話，謂日本特務機關長松井稱：日軍一中隊在盧溝橋附近演習，在整隊時，遭二十九軍部隊射擊，因而走失一名士兵，並見該士兵被迫走入宛平縣城，日軍要求率隊進城檢查。秦德純當場指示：盧溝橋是中國的領土，日軍事前未得我方同意在該地演習，已違背國際公約，妨礙我國主權，走失士兵我方不能負責，日方更不得進城檢查。……可等天亮後，代為尋覓，如查有日本士兵，即行送還。日軍對這一答覆不滿，仍要求進城檢查，否則將包圍該城。秦德純立即電告部隊「要嚴密戒備，準備應戰」。次日拂曉，日軍包圍了宛平城，先要求外交人員進城，繼而派武官進城，均遭至拒絕。日軍即向城內炮轟，並掩護其步兵前進。於此戰鬥打響，「我方先不射擊，待他們射擊而接近我最有效射擊距離內，我們以『快放』、『齊放』猛烈射擊，因此，日軍傷亡頗重……」這就是歷史上的「七七事變」，亦即中日全面戰爭之序幕。

從表面上看，此一持續了八年的戰爭，源於一偶發事件，但實際上，以秦德純在回憶錄中的分析，日本自明治維新後，革新內政，發展工業，軍事裝備趨於現代化，嗣經日俄、中日兩次戰爭勝利，日本武人，驕橫跋扈，不可一世，遂積極向外擴張。其侵略目標，一為北進佔據滿蒙，以阻遏蘇俄之東進與南下；一為南進征服中國以驅除歐美勢力於中國及亞洲之外，完成亞洲人之亞洲，實際上即為日本人之亞洲……民國二十年（一九三一）九一八，是日本侵略我國的行動開始……。

一九三七年抗日戰爭爆發後，宋哲元抵抗日軍失敗，北平、天津淪陷。宋哲元和秦德純通過與蔣介石的斡旋，宋哲元被任命為第一集團軍總司令，秦德純被任為第一集團軍總參議。一九三九年任軍事委員會戰區軍風紀第五巡察團主任委員，巡察陝、甘、晉等戰區。一九四〇年春，改任軍法執行總監部副監。一九四四年任兵役部政務次長。一九四五年抗戰勝利，冬，任軍令部次長。一九四六年任國防部次長。曾向當局建議：一為慎選接收人員，勿失光復區人心；一為收編游雜部隊，勿為共黨所利用，言皆切要。同年五月，他和王冷齋作為證人到東京國際戰犯法庭參加了審判日本戰犯的工作，臨去日本前，蔣介石要求他，一定要證明，「七七事變」是日本對中國的侵略，一定要證明土肥原賢二侵略的主持，他和王冷齋不辱使命，為絞死土肥原提供了有力的證據。一九四八秋冬之際，剿共戰爭失敗，濟南淪陷，山東省主席王耀武被俘，奉派任山東省政府主席，旋兼青島市長。一九四九年十二月政府撤退來臺，次年三月，任總統府戰略顧問。一九五三年以陸軍上將銜奉令退役。一九六三年九月七日於臺北病逝。

綜觀秦德純一生，多任高級副主管的幕僚職務，養成他謙和恭謹的儒將風範。他曾經說：「一生做二官，吃二席。」道出了他非嫡系出身，靠才幹不搞派系，無人事背景，任官任事的甘苦。

秦德純的回憶錄《海澨談往》係他於一九六二年十一月為紀念其七十壽辰而自印出版的。一九六二年十二月十一日至一九六三年二月二十六日復在臺北市《自立晚報》發表，連載共四十二日。《海澨談往》曾較詳細地談到學生運動史上著名的「一二九運動」因為其時秦德純已接任北平市長，對於此事身負其責的，對其情況也瞭若指掌的。當北平警察局長陳繼庵向秦德純報告時，遊行隊伍已準備到東交民巷（一說去政整會大樓，一說去日本使館）。一九三五年東交民巷使館正值日本國為值更年，日本得知學生遊行消息即派機槍封鎖住東交民巷路口，遊行隊伍到達東交民巷北口時，日本軍人已經在高處架起了機關鎗，只等遊行隊伍進入使館區即開槍掃射。秦德純回憶錄中講到，當時他得到消息，估計學生遊行隊伍一到東交民巷，日本軍人必然開槍，必然發生流血事件，學生血肉之軀必遭無謂犧牲。當時天寒地凍，為學生免遭殺害，秦決定派二十九軍官兵用水龍在北口阻止學生遊行。據說執行軍官曾下跪，跪請學生隊伍勿進東交民巷，並傳達秦德純的要求，要求學生到景山南門集中，秦市長接見學生。當時，學生代表陸璀等要求代表遊行隊伍進入東交民巷，並表示學生遊行示威就是要求政府抗戰，抗戰就要有犧牲，犧牲就從我開始吧！

秦德純還布置軍警，警衛日僑商店，以免學生衝擊擾亂引起外交糾紛和日方尋找藉口。大部分學生後來都集中到景山南門聽秦市長講話。據秦德純回憶，學生秩序良好，官方用麵包、饅頭、茶水等接待遊行學生。秦市長首先表示自己也是愛國的，並且隨時在準備抗擊外辱，要求學生勁氣內練，儲為大用。講話得到學生鼓掌歡迎。

諸如「一二九運動」事件，其他還有〈七七蘆溝橋事變經過〉、〈我與張自忠〉、〈張北事件及其他〉、〈冀察政委會時期的回憶〉、〈出席遠東軍事法庭作證〉等文章，都是秦德純親歷親聞的，因之在細節上多所描繪，也是治史者難得的珍貴史料，至於其文筆平實且簡要明快，又是餘事了。

目次

Contents

《海澨談往》說明

《海澨談往》係作者秦德純先生於民國五十一年十一月為紀念其七十壽辰而編印出版。民國五十一年十二月十一日至五十二年二月二十六日復在臺北市《自立晚報》發表，連載共四十二日。作者在該報連載期間，對原稿曾略有增損。本書係根據《自立晚報》之修訂稿，又其中一小部分內容與前在《傳記文學》雜誌發表者雷同，因已見於其文章，未免重複，故予刪略，其內容可見其後面之文章，特此說明。

往談灪海

鄉里和家世

我的故鄉

前清光緒十九年（西元一八九三年），十一月四日（陰曆），我在山東省沂水縣城東三華里的埠東莊出生。

沂水縣南北約三百華里，東西約一百華里。西北境沂山綿亘，林木葱鬱，盛產酸棗、蘋果等，可惜沒有加以改良，不能大量出口。沂水源出沂山，由西北向東南流，貫穿沂水縣全境，經臨沂縣，南流入運河。

沂水縣北界臨朐，兩縣分界處為穆陵關，即春秋時代齊國的南疆。在春秋時代，沂水縣地屬於魯而不屬於齊。沂水縣的民性，笨重樸實，吃苦耐勞。沂水流域土地肥沃，農產以小麥、高粱、大豆、棉花為大宗，尚稱豐富。但西北一帶，山巒起伏，出產頗少，人民生活較為困苦。

埠東莊原有四十餘戶，民國二十一年我由北平回家，葬先嚴和二先兄時，全莊僅存十六戶。其他二十餘戶，都已先後赴東三省開闢新園地發展新事業去了。

埠東莊西臨沂水支流。河寬不過十公尺，平時水深七、八公寸。冬天搭一座木橋，上鋪高粱桿。過橋西行半華里，越過一嶺（本莊人稱為西嶺），再西去一華里，過石橋西南行一華里餘，便到達沂水城東門。

進了東門，仍然很荒涼。迤邐下坡，即達東關。東關是南北街，長約二華里，人煙稠密，車馬輻輳，為沂水城的商業中心。由東關北部西行，進內城，則皆為平地。內城有縣衙及諸葛祠。光緒三十一年至三十三年間，各縣廢科舉，興學堂，乃將諸葛祠擴建為沂水縣高等小學；我從十三歲起，曾在此讀書三年。經縣衙門西行半華里，出西門，約一華里即瀕臨沂水。沂水的東岸，樹木密茂，風景極為幽雅。

我的家庭

我的十一世祖太乙公，在明代萬曆年間，推一輛單輪小車，載著我的十一世祖母，從青州（府治今益都縣）樂安縣（民國後改稱廣饒縣，在沂水的北面約三百華里）城東十五華里的稻莊，逃荒到沂水縣埠東莊。世代耕讀，傳到我的祖父仙橋公，時值前清咸豐同治年代，東捻匪部擾竄殺戮，地方民不堪命。仙橋公組織鄉團，保衛閭里，城郊近鄉賴以無恙。事平後，沂水縣知縣要保舉仙橋公軍功。公力辭再三，最後才提出請求，增加我縣的秀才名額。後來層奉核定，我縣的秀才名額，由十六名增加為十八名。第二年院試，我父親以第十七名中秀才。上天這種安排，彷彿有意酬報我的祖父；全縣鄉紳亦認為理所應當，都向我祖父慶賀。

住在樂安縣（今廣饒縣）稻莊的叔祖奎良公，係舉人出身，出長延慶州（今察哈爾延慶縣），適庚子拳亂發生（光緒二十六年，我八歲），西太后慈禧同光緒皇帝逃出北京，狼狽之極，路經延慶州，奎良公倉皇接駕，辦差接待，將眷屬房舍騰給慈禧，簽押房騰給光緒，但延慶地瘠民貧，無法趕辦筵席，僅以鷄蛋掛麵饗太后及皇帝。因對嬪妃及扈從監寺等招待不周，頗招怨懟。慈禧由西安回鑾後，叔祖即罷職家居，此亦讀書人不善應付所招致的結果。

我父親兄弟三人。大伯父鑑藻公考試不第，居家養親，辦鄉里公益。二伯父鑑湖公以光緒五年己卯科中式舉人，大挑一等，分發山西，歷任夏縣、盂縣知縣，民國成立後，返沂家居頤養。我在濟南陸軍小學讀書，寒暑假返里時，常常隨侍左右，得聆作人做事的道理。鑑湖公著有《剡溪詩文集》，至今不知散落何處。

我父鑑堂公為邑增生，三次赴鄉試未能中式。清末廢科舉，開辦學堂，我父被推為沂水縣勸學所所長，歷有年所。我縣讀書人，多出門下。民國十四年九月（陰曆）去世，享年七十二歲。

我母為本縣西鄉泉莊張老先生之女，幼嫻內訓，十九歲時來歸我父。民國元年五月（陰曆）去世，享年五十九歲。

我父母一共生了四個孩子，我年歲最小。我前面有一個姊姊，兩個哥哥。我大哥德經，賦性純篤，家庭稱孝，鄉黨稱弟，為清宣統元年己酉科拔貢，分發山西省法司，不幸早逝。我大哥有一子，名之棟，交通大學畢業，陷大陸。我二哥德綸，中學畢業後，在本縣辦理教育事業，三十八歲去世。二哥遺一子，名之楘，現在臺服務於憲兵司令部。大姊長我十八歲，嫁本縣城北牛玉山先生，抗戰期間病逝。

父母生我的時候，均已四十歲。年幼時我極和順聽話，從不惹兩位老人家生氣，所以對我特別鍾愛。我們一家人，都很親愛和睦，可以說是一個溫暖的家庭。

我的前妻張氏，係舅父的次女，宣統三年和我結婚，民國六年病歿。張氏生一女，名之萱，適魯北濱縣張椁森，病逝於民國三十年。繼室孫挹清，民國八年在濟南結婚。生兩子，長子之棠，現在美國攻讀機械工程；次子之棣，四十七年由美國畢業回國，現在臺灣省立桃園中學服務。

童年瑣憶

我挨了三板

我七歲的時候開蒙，讀《三字經》。當時實際年齡只有五歲零兩個月，因為年齡幼小，沒有正式請先生教讀，僅由本家兄長照料。記得我讀到「曰喜怒，曰哀懼」的時候，將「懼」字讀為「夠」，同塾的均係族中兄弟叔侄輩，紛紛訕笑。我心中又羞又惱，竟因此而辭學。

第二年八歲，我正式入學。開蒙的係沂水西鄉田蘭生先生，對我愛護指導，非常親切。（後來我主持北平市市政府時，聘田師為顧問。）目下算起來，已歷六十二年，時光催人，不禁感慨系之。

這一年夏秋之交，山洪暴發，莊西的河水澎湃洶湧，莊裡的大人和小孩，都站在岸上觀看，引為至樂。放學後，我亦擠在人群裡。待水勢稍退，我便跟著七、八個孩子下水游泳。忽然一個浪頭沖來，我撐持不住，被大水捲走。一直漂到距埠東莊三華里的牛嶺埠，才被親戚撈起來。若是再漂流三、四里，河水流入沂水本流，則必滅頂無疑；回想起來，心中猶有餘悸。從此以後，父母再不許我到河邊去觀水。

我九歲時讀《孟子》，教師係沂水西鄉朱信鎮武家莊二姑母的長子武繼法表哥。有一天，我背完書，他問我〈公孫丑篇〉「治天下可運之掌上」怎樣構？我一時答不出來，他要打我的手心。我說：「知道了。」他說：「太晚了，仍然要打三板。」我一生讀書，這是最先亦是最後受的一次懲罰，所以追想起來，仍念念不忘。

一包火藥

我十歲到十二歲時，教讀先生是本縣城西龍家圈的高尚志（字士先）先生。高老師秀才出身，為苦學力行之士，對學生督責嚴厲，同學受益甚多。後來高老師任本縣第一高等小學校長有年。

十二歲時，我與二伯父家的三孫之杰同時讀《左傳》。春天二、三月間，正是養蠶的時候，《左傳》讀到〈閔公〉，高士先老師赴臨沂府城歲考，由家嚴臨時執教。他老人家一面料理家務，又要時常進城辦，事，故多半講完書就走，很少在學監督。之杰侄大我一歲。他找到一枝小火槍，長約二尺，乘機到處打鳥。一天，他買了一包黑色土藥，大約半斤，帶到書房裡來。他取出一小撮藥末，放在桌上對我說：「十叔，你看這藥好不好？用火點燃，一定好看！」一面說著，一面點燃一枝香。我在親叔兄弟排行第十，所以他喊我十叔。我說：「要小心，免得發生危險！」他仍是興高彩烈的試驗，結果藥性甚佳，他十分滿意。

之杰將藥末包好，放在大褂的衣袋裡。又將燃著的香在地上擦滅，和藥包放在一起。當時，家嚴不在書房，七、八個同學都在書房內外閒談玩耍。我和之杰在書房門口，一腳門裡，一腳門外，正倚著門框說得熱鬧。一定是之杰衣袋裡的香枝還有火，火藥忽然爆發。他的大褂、頭髮都著了火，濃煙衝到屋外。書房雖是草頂，所幸前面是瓦簷，未造成火災。

當時的同學有我的二哥德綸、堂兄德潤、堂弟德澄、堂侄士吉等人，他們一看，都嚇得跑了，只剩下我和之杰兩個人。他不知照顧自己，卻大聲朝我說：「十叔！十叔！怎麼辦呢？千萬不要告訴五爺爺！」（家嚴大排行第五，他稱老人家叫五爺爺。）他說完話，站立不穩，即跌倒在地上，哀號之聲不絕。

我情急智生，連忙替他從頭上脫下著火的大褂，又將他褲子、襪子上的火燼撲滅。這時候，莊前莊後的人以為失火，都趕到書房裡來。看到之杰躺在地上，不能行動，就用門板把他擡到他家裡。他這一次的災難真不小，經過八個月的治療，始告痊癒，中間差一點死掉的有好幾次。事後，莊上的父老均說我沉著，有辦法；實在當時除我同之杰以外，沒有第三人在場，我怎能撇下他不管呢！

從軍的意念

十二歲這一年，我讀《左傳》，從〈閔公〉一直讀到〈哀公〉。

十三歲，我在沂城高等小學肄業。在高小讀書的三年，我是住校生。這時我年歲漸長，頗知努力，成績亦佳。每逢星期六的下午回家，我母張太夫人常常叫我讀小說，或講解各種傳奇給她聽。有一次講讀《桃花扇》的〈投轅〉一齣，柳敬亭帶著侯方域的信到武昌左良玉大營去所唱的〈北折桂令〉那一段：

「你看城枕著江水滔滔，鸚鵡洲闊，黃鶴樓高，鷄犬呼號，人煙慘澹，市井蕭條，都只把豺狼餵飽……」

母親聽我講解明白後，歎息著說：「國家到此地步，雄鎮尚且如此，他營可想而知，怎麼不亡國呢！」

我聽了母親這幾句話，默默的想了許久，無形之中，啟發了我從軍的意念。

陸軍小學時期

從投考到入學

前清光緒三十四年（西元一九〇八年）正月，我和之杰侄帶著知縣的公文，前往濟南省城去投考陸軍小學。我們從家裡動身，經穆陵關、臨朐縣到青州（益都），一共二百四十華里，道路崎嶇，頗不易行。到青州後，再乘膠濟鐵路火車，只花了半天時間，便到濟南。

我們住在城內芙蓉巷慎記客棧。棧內僅供住房，伙食飲水等，均由客人自理。我縣前來投考陸軍小學的，除我和之杰外，尚有四人，亦都住在慎記客棧。到吃飯的時候，常常由我同之杰到市上去購買鍋餅、炸小蝦及小菜等，並一大壺滾水回來，狼吞虎嚥，頃刻淨盡。

報名以後，先檢查體格。之杰侄胸前腹部，因曾受火藥灼傷，滿佈疤痕，檢查的人疑為痲瘋，故未錄取。我縣其他同考的人，亦均未通過這一關，僅我一人參加筆試。我記得國文題目為〈見義不為無勇也〉。我僥倖以第十一名被錄取。

陸軍小學在濟南南關附近，一共有樓房六座，以禮、樂、射、御、書、數命名。第一、二兩期，住禮、樂、射、御四座樓房。我們這一屆屬第三期，分住書、數兩樓，每樓住一隊。我編在第二隊，住在數字樓第四號宿舍。牀舍的位置依身材高矮排列，我排在末尾。第四號宿舍多為十六、七歲的幼年學生，行動比較敏捷活潑。

第三期計錄取正規生一百一十名，均為本省籍貫；附課生十五名，均為在本省服務的外省籍官員的子弟：兩共一百二十五名。正規生享公費待遇，書籍、伙食、服裝等均由學校供給，因為來自全省各縣，多數純良樸實，鄉氣十足。附課同學，大都在濟南居住已久，活潑調皮，缺乏吃苦耐勞的精神。三年後畢業時，外省籍同學僅四人，其餘均中途退學；而本省籍同學，仍有九十餘人。

陸軍小學教育的目標，在為培養完備的陸軍低級幹部，作成一切必需的準備工作。在生活方面，從幼年開始，養成服從命令，遵守紀律，以及其他各種武德；在學科方面，研習各種科學，作為研究高深軍事學的預備。課程共分兩類：一類是一般學科，如國文、歷史、地理、物理、化學、數學、外國文等。外國文有日文、英文、德文三種，我們這一期學的是德文，每天一小時，頗為重視。一類是軍事學科，如步兵操典、野外勤務、射擊教範等。

上課三個月後，學校舉行甄別考試，我僥倖列第一名。我受此鼓勵，益加奮勉，孜孜不倦的努力用功，每屆年、暑假考試，我多列首名。

彗星撞地球

我們同住一座樓房的同學，編成一隊；每隊分配一間講堂。講堂裡的座位，按高矮的次序排列；高大的同學在後面，矮小的同學在前面。我年齡比較小，身體矮，坐第一排。

宣統元年（西元一九〇九年）或二年，當時有個傳說，就在這一年，有顆彗星撞地球，地球上的人類都要毀滅，真是風聲鶴唳，人人惶恐不安。

有一天上地理課，教習姓王，山東人，是日本留學生。大家正聚精會神的聽講，忽然一聲巨響，坐在講堂後面的一位同學大聲驚叫道：「彗星撞地球！」

同學們聽了這聲喊叫，一個個嚇得驚慌失措，紛紛向講堂外面逃。講堂門在前面，大家拚命往前衝。我坐在第一排，不知怎麼遲疑了一下，沒有搶先跑出來，竟被後面的同學撞倒，跌在講堂門口。後面的同學，只知逃命，那管我的死活，亂踏著我的背部。我站不起來，在緊張中仍然向外爬。我受了傷，不過不太嚴重。

大家逃到外面，方知是講堂的屋瓦滑下幾片來打碎了。這一場虛驚，事後想想未免可笑。

軍帽上裝假辮子

前清宣統三年（即辛亥年，西元一九一一年），陰曆三月十五日，星期六，那一天晚飯後，月明如晝，春風宜人。住在數樓第四號宿舍同學，連我在內，一共十五個人，一齊溜到校舍後面的體操場，拿出事先準備好的四把剪刀，彼此交換著，將髮辮剪下來，再偷偷摸摸的溜回宿舍睡覺。

第二天一早，隊長發現了，就急急忙忙去報告監督王者化。王是老軍人，以候補道充任監督，天津人，學識平平，平時很少和學生接近。這是大事，他不敢作主，馬上向山東巡撫孫寶琦報告。

孫巡撫劈口就問：「這十五個學生是不是革命黨？」

王監督答道：「這些學生平時很守規矩，成績很優良，不像是革命黨！」接著，他又說了許多「再過兩個月他們就畢業了，如果把他們開除，未免可惜；對全體成績來講，也有不好的影響」諸如此類的話。因此，孫對這件事未予深究。

學校對我們的處罰是禁足四星期，並且要我們每個人做一條假辮子。好在我們有軍帽，假辮子裝在軍帽上，不加檢查也看不出。

當時我們集體剪辮子，完全是受報章雜誌的影響。過了兩個月，參加畢業考試後，回到家裡，我父親知道了這件事，很嚴厲的訓斥了我一頓。說我們太愚蠢，太幼稚，如果憤恨清廷政治廢弛，要奮起改革，亦應祕密進行，保留髮辮不使刺激，不該有此淺薄行動，徒然惹人注意。至今思之，猶感念老人的深謀遠慮。

陸軍中學時期

赴考趕路

宣統三年暑假，陸軍小學畢業，我是第一名。畢業以後，回到沂水家裡，住了一個多月。暑假將結束的時候，為要和同期畢業的同學到北京去投考陸軍第一中學，我便和陸小第四期的沂水同學牛元峰、楊煥彩等，趕著回濟南。

我們搭了回維縣的便車，準備從濰縣轉膠濟鐵路。由沂水到省城，經青州的路程較近，但山路崎嶇難行；到濰縣雖路程較遠，又要繞道，可是大路平坦好走。

出發的第一天，即遇傾盆大雨，僅行三十里。第二天，又冒雨前行三十里，至沭水鎮。鎮北臨沭水，當時山洪暴發，水流洶湧，行人及附近居民均不敢冒險過河。我們被迫在沭水鎮停留了兩天。到第四天，水勢漸緩，水深及肩下，我們五、六個人牽手涉水渡河，到了河中心，差一點被河水沖走。過河後因道路泥濘，只好赤足步行，這樣又耽誤了許多時間。

趕到濟南，進學校一看，同期畢業的同學已全體赴北京兩天，於是我隻身趕往北京，到清河鎮陸軍第一中學，通過補行的入學考試，我便踏進了中學階段。

辛亥革命爆發

陸軍第一中學設於清河鎮，該鎮在北京西北約二十華里。出北京西直門搭京張鐵路（後改稱平綏鐵路）火車，過清華園一站，即為清河鎮。從車站到學校，約一華里。陸軍中學專收各地陸軍小學畢業學生，全國共設四所，除第一中學外，其餘三所，設在南京、武漢、東北等地。但東北一所，僅籌備而未正式開辦。

第一中學校舍，係新建築的樓房。走進大門，第一進房舍為校長辦公室。穿過一片廣場，正面為禮堂；兩側樓房，樓下作學生宿舍，樓上作講堂。校舍的設計雖然整齊，但極為單調呆板。與設於清華園的清華學校，水木清華，布置幽雅，未可比擬。

開學大約兩個月，到八月十九日（陽曆十月十日），武昌革命爆發。新軍工程營首先發難，占軍械局，會合輜重營進攻督署。湖廣總督及新軍統制倉皇出走，武昌遂為革命軍所得。隨即公推新軍協統黎元洪為鄂軍都督。

清廷派陸軍大臣蔭昌為總司令，遣兵兩標先行南下，統率者何成濬適為革命黨人，二十一日抵黃陂祁家灣，即藉口兵力單薄，頓兵不前，十日後，蔭昌大軍到達，此時革命軍已渡長江，先後克復漢陽及漢口。

清軍在孝感、黃陂一帶，遲延不作進攻，使革命軍得以順利擴張。九月一日，長沙新軍起義武昌得以解除後顧之憂；九月二日，九江獨立，海容等六艦亦參加革命，武昌的側翼又得到保護；在西北方面，九月一日陝西新軍反正，八日山西光復，對於滿清政府發生極大的牽製作用。

武昌起義之初，清廷因袁世凱練兵多年，在北洋軍隊中極有勢力，便起用他做湖廣總督，督辦勦撫事宜。袁派馮國璋南來，增援作戰，起初也沒有甚麼表現。九月十一日，袁世凱受任內閣總理大臣，下令猛攻，十二日馮軍即陷漢口。漢口之失，對革命軍的氣勢不無損害。所幸十三日陳其美率革命軍起義，十四日克上海；十五日蘇州、杭州相繼光復；革命聲威益壯。接著江蘇的松江、常州、鎮江、揚州，和浙江的紹興、寧波、湖州、嘉興等地先後獨立。到九月中旬，安徽各地及廣東又舉義旗。十月六日，革命軍雖然失去漢陽，但十月十二日江浙兩省的義軍攻克南京，使長江航運暢通，革命的大局更為振作。

袁世凱眼看不能取勝，便進行和議。十月二十八日，雙方代表在上海英租界議和。此時，袁世凱一面挾制清廷，一面向革命軍聲言大總統非袁莫屬；操縱大局的野心，已經非常明顯。

十一月十三日，正是陽曆元旦，孫中山先生在南京就任臨時大總統，中華民國臨時政府成立。袁世凱聞訊極為忌恨，和談幾乎破裂。孫中山先生為求全國和平統一，便提出最後協議，表示：清帝退位，袁世凱宣布贊成共和，中山先生即行辭職，並由參議院選舉袁為臨時大總統。袁見目的已達，即授意段祺瑞聯合北洋七十餘將領，電請清帝遜位。宣統下詔退位，袁即電臨時政府，表示贊成共和。中山先生遵守協議，向參議院辭職，並推薦袁為臨時大總統。

袁世凱不願離開北京，便嗾使駐紮平、津的曹錕部隊兵變。袁藉口坐守北京鎮壓，表示不能南來；參議院便決議准許他在北京就職。後來經過參議院的決議，臨時政府遷到北京。

武昌革命爆發後，第一陸軍中學宣布暫時停辦。同學紛紛參加革命陣營，成為優良的革命幹部。我由北京回到濟南，此時，山東正醞釀獨立，公推巡撫孫寶琦為都督，我亦參加奔走之役。

不久，因家母病重，我趕回沂水故里侍疾。

在死亡威脅下學習

民國五年元月（陰曆），先母病逝，殯葬以後，我奉命召集復學。此時南北議和成立，臨時政府北遷。學校易名為陸軍第一預備學校。學校的校長商德全，為北洋老軍人，北洋武備學堂出身，和段祺瑞、馮國璋都是同學。商為人頗為忠厚，但學識不深，能力亦無甚可取。

預備學校的教育，為陸軍小學的延續。在課程方面，無論軍事學科及一般學科，均比前一階段較為深邃，如數學一門，有平面幾何、立體幾何、解析幾何、平三角、弧三角……等科，其餘如物理學中之重學，亦單獨成為一科。

學校中伙食辦理得非常不好，同學患營養不良的極多，加以課程繁忙，比較用功的同學因需將每日的數學習題演完，多感體力不能負擔。同學一共一千多人，中途因身體衰弱而生病死亡者，竟達數十人。現在回想起來，確是校方對同學的一大虐政。

陸軍軍官學校時期

入伍生活

民國二年暑假，我在陸軍第一預備學校畢業，按照規定，在升入陸軍軍官學校之前，必須接受入伍訓練。入伍時間共為半年，前三個月服上等兵職務，戴紅牌三花（六角形尖形）肩章；後三個月服下士職務，戴一金槓　花肩章。學生入伍時，須參加士兵操作，不管野外、操場、及講堂與一般士兵同樣練習。此種訓練的目的，在使學生從實踐中，體驗士兵的生活及服務情形。

陸軍部根據學校呈報的學生畢業成績，將前面的一半學生，分發在北京附近的北苑陸軍第十師；其餘一半，分發在奉天的新民屯陸軍第二十師。我在北苑陸軍第十師三十七團第一營入伍。當時同在一營入伍的同學有劉峙、熊式輝、祝紹周等。到入伍階段，感覺生活較為舒適；伙食由同學自行管理，在營養方面亦改進甚多。

入伍生每一連分配六人，同住一間十房。這一年夏天，陰雨連綿，營房均係士兵自造，材料粗劣，極不堅固，倒塌傷人者時有所聞。某一風雨之夜，我們同房的六人，議定自晚間十一時起，輪流坐守一小時，若是聽到房屋將倒發出的聲音，立刻喚醒同伴躲避。夜間二至三時，係一王光同學值班，他竟鼾睡不醒，因此從下一班起即無人接替。所幸這一夜並未發生事故，否則我們六人之中必定有傷亡。第二天我問他：「怎麼睡著了？」他說：「大家都在屋裡，即使倒塌，也不會壓著我一個人。」這樣心胸開濶的人，照理應該長壽，卻想不到軍官學校畢業不久，他即生病去世了。

第十師師長盧永祥，係北洋老軍人，頗有正義感，極喜歡和青年學生接近。記得有一次，他把入伍生集合在司令部的閱兵臺前，當時正逢第一次世界大戰，德軍節節勝利，橫掃歐洲，他說：「人家德國軍隊，所向無敵，有這樣的豐功偉績，是甚麼毛病呢？」「毛病」兩個字是盧的口頭禪。同學聽完回來，紛紛議論師長說的這句話不對。從這一件小事，可以看出青年人多有挑眼的特性，遇著看不慣的事，聽不順耳的話，不管是大是小，都不肯輕易放過。

北苑在北京北方大約十數華里，到了冬天，氣候非常寒冷。我們入伍生服士兵勤務，都要輪流站崗。我最怕夜間二至四點這一班，派在營門口的崗位服勤。北風凜冽，刺入肌骨，穿一套棉軍服，實在難於支持。為了取暖，我只好在站崗位四週三數十步內，荷槍不停的走動。我因為有這個親身的經歷，後來帶兵時，無論裝備怎樣困難，都要準備皮、棉大衣，供給冬天站崗守衛的士兵應用。

六個月的入伍期滿，所有參加北苑和新民屯的入伍生，都保送到陸軍軍官學校受訓。

受完養成教育

民國三年初，我進入了陸軍軍官學校。

陸軍軍官學校設在保定（今稱清苑）城東關郊外，一般通稱保定軍官學校。官校的前身是陸軍速成學堂和協和學堂。陸軍速成學堂辦三期，協和學堂辦三期。官校成立於宣統三年，我們是第二期，在第一期畢業後入學。所以整個算起來，我們是北洋陸軍軍官教育的第八期。

官校校長曲同豐是山東人，日本士官學校畢業，對於學生的管理和教育，都非常嚴格。曲的前任蔣方震（百里）是軍事學的權威，因受陸軍部軍學司的牽制，教育計畫不能實施，憤而自戕未死，校長遂由曲接任。

官校教育共計三年，前半年為入伍訓練，在校時間，實際只有兩年半。全校分步、騎、砲、工、輜五科。步兵六連，騎兵、砲兵各二連，工兵、輜重兵各一連。分科時，依照各人的志願，我填報的是砲、步、工，因為身材矮小不能入砲兵科，故按第二志願，編在步兵第二連。

步兵第二連的連長是劉鳳池，河北蠡縣人，北洋陸軍速成學堂畢業，為人精明俐落，辦事亦頗幹練。記得有一段時期，白牡丹（荀慧生）在保定唱戲，同學們每逢假期，必去看戲捧場。我們連裡的同學寫信給戲院老闆，說下星期若不給白牡丹加錢，即要打毀戲院。戲院老闆將原信送給學校，教育長楊祖德又將信交劉連長，劉對同學們嚴厲的告誡一番，也就太平無事了。

當時，同在步兵第二連的同學，在臺灣的僅有熊式輝、王振綱兩人。熊住臺中，和我同期，看起來仍少年翩翩。記得在官校時，每次月考，不是他第一，就是我第一；全校總考，亦各列前茅。王已七十四歲，今在臺北辦紅萬字會，身體原甚健康，今夏竟一病不起。

學校的課程，分學科和術科兩大部門：學科有戰術、兵器、築城、操典、射擊教範等；術科一為操場的制式訓練，一為野外的實地演習。一般說來，對於心智運用和體能訓練，兩者的密切配合，特別注意。至於課程負擔方面，較預備學校已經輕鬆許多。此時伙食辦理亦較好，同學們個個精神活潑，生活愉快。

反對二十一條

中日、日俄戰爭以後，日本的勢力漸漸伸入中國東北。到民國初年，日本在遠東已占有極重要的地位。民國三年七月第一次世界大戰方酣，日本不顧我國宣布中立，於對德宣戰之後，即行攻略膠州灣的德國租借地，並派兵占領膠濟鐵路沿線的各城市和礦權。日本的野心，並未到此停止。到民國四年一月，乘大戰正緊，袁世凱因謀帝制欲借重日本援助，又向中國政府提出二十一條要求。這個要求的兇狠廣泛，震動了整個世界。但此時歐洲國家無暇他顧，美國對中國問題雖有門戶開放、機會均等的政策，實際也無法加以制止。

中日雙方的交涉，拖延很久仍然不能解決，日本政府竟於五月七日，用最後通牒的方式，威脅中國承認。袁世凱政府屈於形勢，終在五月九日答覆日本，除保留有關全國政治的第五號各條外，其餘第一至第四號各條，均照事先交涉修正的文字全部承認。

此時，全國都表示反對，北京的學生尤為激動。陸軍官校同學千餘人，全體罷課，堅決反對，與校方僵持頗久。風潮最激烈時，輜重連的同學陳增榮，悲憤萬狀，誓不欲生，咬破手指，血書「南八男兒死耳」，全校同學無不感動流涕，誓死反日到底。（陳同學後來改名陳孝威，今在香港主持《天文臺報》。）

學校風潮久不解決，政府極感焦慮，便下令撤免曲校長的少將官階及職務，另派駐紮保定的師長王汝賢接任校長。王握有實力，風潮立即平息。

正如重光葵在昭和之動亂中所說，二十一條的要求，「使日本軍閥的侵略野心，完全暴露於世人之前，激起了中國全面的反日……」此時，風潮雖已平息，但在我心裡，已深深埋下反日的根苗。

從濟南的陸軍小學開始，經過清河鎮的陸軍第一中學（陸軍第一預備學校），在北苑入伍，到民國五年初夏，由保定陸軍軍官學校畢業，我已完成了完整的陸軍軍官養成教育。

進陸大前的一段經過

參加倒袁護國軍

民國三年，袁世凱脅迫國會選為正式大總統。就任之後，即逐步向帝制推進。袁氏先解散控制國會的國民黨，使國會陷於停頓；又停辦各省地方自治，解散各省議會；再召集「約法會議」，修改臨時約法，將內閣制改為總統制。民國四年八月，組織「籌安會」，公開鼓吹君主立憲。到同年十一月，召開所謂各省代表會議，通過贊成君主立憲制度，並擁護袁世凱為「中華帝國」皇帝。至民國五年元旦，改號「洪憲」，做了皇帝。

當時，全國各地的反袁護國運動，風起雲湧。十二月初，肇和軍艦在上海起義。十二月二十三日，雲南唐繼堯等電請取消帝制；遲二日，又組織護國軍，出兵討伐。接著廣西陸榮廷、貴州劉顯世等，又先後響應。袁氏迫於形勢，便於民國五年三月二十二日，下令撤銷帝制。

此時，我們仍在軍官學校。記得有一天，蔭昌到學校來訓話，第一句說：「我今天奉大皇帝的命令」，同學們在下面發出一片鬨聲，他連忙改口道：「奉大元帥的命令。」當時的環境雖不容我們講話，但這一片鬨聲已充分表露了同學們內心的反抗。

民國五年五、六月間，我從陸軍官校畢業，奉陸軍部派到駐山東的陸軍第五師充見習官。當袁氏積極籌備帝制時，居正在山東濰縣、諸城一帶，組有中華革命軍東北軍，以討袁護法為號召。今總統蔣公，曾一度擔任該軍參謀長。居派薄子明到周村活動。周村屬長山縣，水陸交通便利，是膠濟鐵路沿線的重要據點。薄後來脫離居正獨立，由吳大洲任都督，薄子明任總司令，名義是護國軍。

我們分派到濟南的時候，袁氏已死，但膠濟鐵路沿線在日軍的控制下，濰縣和周村兩大革命力量尚在，以致山東的北洋軍事當局，風聲鶴唳，草木皆兵，仍然甚感驚慌。

駐守山東的第五師係北洋的老隊伍，比較精練強悍。該師門戶之見極深，對我們這班青年學生排斥甚力。我分在第十八團，團長姓張，陸軍大學畢業。該團設有學兵連，分在團裡的五個見習官，全部派到學兵連任教官。學兵多為青年，與我們見習官在感情上極為融洽；在教育上亦很能接受指導。從這一件事可以證明，對青年須用知識領導，不能依靠高壓手段。

張團長將我們派在學兵連，原有隔離和防範的意思；後來見我們和學兵相處得很好，教學成功，心中極不高興，便有意掣肘，甚至指使馬弁和我們胡鬧。同學們推我出面交涉，因此常常和張發生齟齬。我一方面覺得所處的環境惡劣，一方面受時局的激動，便不告而去，參加了周村的護國軍。我離開第十五團學兵連，軍方便下令通緝。

薄子明和我陸軍小學同學，他是山東日照人。我到了周村，便擔任總部的幕僚兼代營長。此時，山東的情勢很混亂，周村要向濟南進軍，濟南又要總攻周村。

我在周村大約兩、三個月，那時正是夏天，記得有一次，我和薄子明夜間佈防，我穿著白上衣，他曾提醒我，白衣服目標太顯著。

周村護國軍中，分子複雜，紀律也很差，我看不慣，便又回濟南。

後來，濰縣和周村兩處的革命軍，都接受了北洋政府的改編。所有優秀軍官，都調到濟南，參加軍官講習所受訓。這時候，我的通緝令已撤銷了。我則調充該所的戰術教官。

講習所設在濟南南關，原陸軍小學校址。所長任居建，以督軍公署上校參謀兼任。任係日本士官學校畢業，與總統蔣公為同期同學，今在臺灣，任國民大會代表。

補充旅和邊防軍

民國七年，山東成立第二補充旅，編制為兩團，我調任第一團副官。照軍隊人員的職掌，副官原應辦理庶務及清潔、伙食等項工作，但因團中教育人才缺乏，我實際上只擔任教育訓練。此項任務，正合我的興趣。

民國八年正月，我和孫挹清女士結婚。此時，我二十七歲，在第二補充旅第一團做副官；她在濟南南關黑虎泉高等小學做校長。

在北洋軍人中，段祺瑞一向居於領導地位。袁世凱任臨時大總統之初，段即擔任陸軍總長。袁氏圖謀稱帝，段託病辭職。等到雲南起義，各省紛紛響應，袁氏下令取消帝制，段復出組閣。袁氏死後，段連任內閣，並兼長陸軍。民國六年三月，對德絕交，段力主參戰，因遭國會反對而去職。同年七月，張勳入京復辟，段舉兵討伐，張敗走，段又出任國務總理。八月十四日，中國對德宣戰，段乃假參戰名義，向日本借款，組織「參戰軍」。徐世昌繼任大總統後，北方的政權，亦完全為段所控制。民國八年春，因世界大戰早已結束，段祺瑞便將參戰軍擴充改編為「邊防軍」。

邊防軍共計三個師，由曲同豐、馬良、陳文運分任師長。我調充曲師司令部的上尉參謀，駐紮在北苑。有一次，舉行野外對抗演習。師長講評完畢，我即隨同師長騎馬返司令部。大約走了二里，奉命回演習地，向程長發旅長傳達第二日的演習項目。完成任務回騎復命時，見師長的馬已跑得很遠，便加鞭趕行。我的馬術本來不甚高明，騎的是師長的一座馬，性情又野，奔馳到師長面前，卻一時收煞不住。我從馬背上跌了下來，面部著地，口中鮮血直流，竟然昏迷過去。我被人用門板擡回司令部參謀處，漸漸聽見師長說：「行了！行了！還過來了！」前後經過三個鐘點，才完全恢復知覺。除去在嘴唇上留下一個疤痕，身體內部並未受傷，休息了二十多天，始告痊癒。

同年夏，陸軍大學招生。按照規定，凡在軍官學校，或同等學力的軍事學校（如日本士官學校等）畢業，在軍隊服務二年以上，成績優良，志趣遠大，身體強健，而有成為高級將領希望者，都可以參加。第一步，先由服務單位初審，按規定名額錄取後，再行報請陸大複審。當邊防軍第一師成立時，正保定軍官學校一、二、三期畢業不久，曲師長曾任官校校長，對同學又極歡迎，因此師中連、排長及尉級軍官，百分之九十以上為官校出身。參加陸大初審考試的特別踴躍，總計百餘人，而錄取名額只有兩個，大家都準備功課，競爭非常激烈。我很僥倖，初審錄取。後來參加陸大複審及格。到第二年春天，我便進入了陸軍大學，作進一步的研究。

陸軍大學時期

陸大的生活

民國九年春入陸大，為第六期。

陸大係全國性的最高軍事學府，專為造就高級將領及高級幕僚長而創設，肄業期間三年，校址在北京西直門裡大街。校長賈賓卿，日本士官學校畢業。直皖戰爭皖系敗後，由直系軍人熊炳琦接任。先後兩任校長，均平易近人，但無甚出色。

當時北洋政府財政短絀，參謀本部職員欠薪一年以上。陸大屬參謀本部，因此經費方面亦感困難。所幸各同學均帶原職原薪，肄業期間，雖歷盡艱辛，終能完成學業。

學校在北平西城四根柏胡同有一座宿舍，只供單身學生住宿。帶有眷屬的學生，各自租屋居住。我同幾位同學，住在學校東邊的新開胡同九號。該處係一大四合房，我同徐承熙同學住內院，安錫嘏、李炎、王承燮三同學住外院。大家都是青年，精力充沛，性情活潑，相處一處，十分親切熱鬧。

我們搬進新開胡同九號的時候，各個房間裡都貼有陸大功課表。後來向人打聽，才知道這所房子原是凶宅，每隔半年，總要死一個人。陸大曾租作學生宿舍，後來學生宿舍另遷新址，這房子便成了空屋。年輕人不迷信，不聽這一套。想不到暑假期間，原在邊防軍第一師任軍需官的張子文，因直皖戰爭曲師失敗，搬來同住，得了傷寒病，竟不治而死。我把他埋葬好，暑假過後，同住的五個人即紛紛搬走，各自租房居住。接住這房子的李幼舟同學，住了半年，他的太太又得病死去。是否凶宅不知道，但未免太巧合了。

陸大的課程軍事學方面有：戰略、戰術、戰史（包括日俄戰史、第一次世界大戰史）、馬術、圖上作業、沙盤作業等；一般學科方面有：國際公法、外國語、微積分等。主講軍事的教官多為日本人。當時，同學們都認為日本派駐中國的外交官、武官、及一般在華服務人員，無不負有諜報任務，因此對日本教官頗具戒心，均不洩漏我國軍隊中的祕密。在情感上，亦很不融洽，常與日本教官展開激烈辯論。

這班日本教官住在我國，一期三年，二期即是六年，也有超過十年的。他們都能說中國話，一下了講堂，即改換中國使衣，到處調查，對於中國的情形，可說是瞭如指掌。至七七中日戰事爆發，這些教官大多擔任侵華部隊長或幕僚長，由此可以證明，日本侵略中國，處心積慮，貫徹其大陸政策，已非一朝一夕了。

直皖戰爭

袁世凱死後，北洋的軍力即分由段祺瑞及馮國璋兩人控制，其中以段的實力最強。段任責任內閣制的國務總理，並掌握陸軍部，因為他是安徽人，稱皖系；馮先任副總統後代理大總統，因為他是直隸（北伐後改稱河北）人，稱直系。對德宣戰後，段組成參戰軍，勢力更為膨漲。至民國七年九月，徐世昌接替馮為大總統，在北洋政府中，無論軍政方面，段均占有絕對的優勢。

馮國璋去世，直系的將領曹錕和吳佩孚，決定反抗皖系。民國九年初，在南方與軍政府七總裁的代表成立和議，在北方與東三省的奉軍首領張作霖取得聯繫；五月下旬，吳佩孚從湖南將部隊調到洛陽；聯絡山東剿匪司令張善義，牽制皖軍馬良部；於七月中旬，即分兵北進，與皖軍在北京、保定間，京漢鐵路沿線的高碑店、涿縣、琉璃河各地發生激戰。

皖軍方面，以京漢路一線為主力，參加作戰的有邊防軍第一師，以及劉詢的陸軍第十五師，由曲同豐統率。雙方在琉璃河南端，鐵路兩側，混戰十日，皖軍不支，隊伍絡續退回北苑。邊防軍第二師馬良的部隊，在山東雖然打了勝仗，但皖軍失敗的大局已定。曲師長知道不能挽回，先派參謀長何孟祥到松林店車站的列車上，和吳佩孚接頭。說明曲師的幹部軍官多數是保定軍校或陸軍大學學生，素質精良，應該保存。吳表示同意，但要求繳槍，十支槍紮作一捆。

曲師長得到報告後，說道：「大家都是北洋的隊伍，我願意親自去接洽。」

按照陸大的規定，有戰事發生，學生須返回原部隊，我原任邊防軍第一師參謀，故參加該師作戰。曲師長說這句話，我正好在旁邊，我說：「師長不可輕去！」

「即使個人犧牲，為保全國家的力量，也該去。」曲師長口氣很堅決，說完，即率同參謀長何孟祥、旅長程長發等，掛了一節京漢鐵路的悶罐車南行。火車將要開動的時候，我也跳上了火車。到松林店，在列車上會見吳佩孚。吳將曲請到他的車廂內，我們隨從人員都在客廳裡。當時吳的參謀長是張方巖，他當著我們和保定的曹錕通電話。曹是直軍的統帥。他向曹報告，已將曲某俘獲。我一聽他這樣說，知道曲師長將破扣留，立刻衝進吳的房間，對曲師長說：「師長，咱們回去吧！」

吳向我看了一眼。曲向吳介紹道：「這位是秦參謀。」

曲師長另外沒有說話。停了一息，吳說：「邊防軍訓練好，散掉很可惜。要趕緊收拾！現在我派兩位，你派兩位，一同到北苑去。」

吳派旅長李榮殿和參議錢少卿，曲派旅長程長發和我，乘專車往北京。原在悶罐車上的人員紛紛逃散，後來步行一百多里回來。我到了北京，這些人員的家屬都來打聽消息。隔了一兩天，他們才陸續回家。曲不能再回北苑，被他們解到保定去了。

程旅長做過保定軍校的教育長，我在學校時，他是科長。到了北京，我向他請假，我說：「老師！我沒有學過繳槍，我不去北苑，我要回陸大。」

程旅長陪著吳派去的代表，到了北苑，看到隊伍果真很好，打敗仗回來，仍然服裝、槍械整齊，連槍筒上的帽子也不少一個。一連一連的將槍架起來，交給了直軍。

邊防軍撤銷後，我的參謀底缺亦沒有了。我調陸軍部差遣，每月中國、交通票五十元。第一鈔票貶值，第二陸軍部欠薪，我的生活費用已無著落，不得已乃由內人孫挹清女士擔任小學教習，維持我在陸大讀書。我們在濟南結婚時，她任高等小學校長。婚後，我調邊防軍，她在北苑住了月餘，又回濟南原校服務。到民國九年春天，我進陸大，她才辭掉校長，隨我住在北京。對於教書的工作，她可算是駕輕就熟。每月薪金三十餘圓，數目雖然不大，日子過的倒還舒適。

民國十年秋，我擔任孫傳芳總部參謀，駐京辦事。此時，我已經有了收入，她本可不必辛勞了；但因她對教育工作特別喜愛，在我陸大畢業，離開北京之前，她一直不肯放棄這個工作崗位。

東北之行

直皖戰後，段祺瑞辭職，直系得勢。曹錕任直、魯、豫巡閱使，吳佩孚為副使；吳後又任兩湖巡閱使；長江下游，除浙江督軍盧永祥屬皖系外，其餘省區多為直系占有。東三省巡閱使張作霖，對於這一個情勢頗感不安，和直系之間，漸漸發生猜忌。

民國十年夏，直系軍人孫傳芳擔任長江上游總司令，兼第二師師長，駐守武漢、宜昌一帶。孫的參謀長陳席珍字聘卿，是保定人，陸大第三期學長，和我至交。他約我到湖北去玩玩，我即利用暑假前往宜昌。

到了那裡，正遇張作霖派程國瑞代表來，和孫傳芳聯絡，用意在分化吳、孫關係，答允必要時由東北軍策應。孫知形格勢禁，只能作感情上的聯繫。便派我隨程代表赴東北，答聘張作霖。

聯絡孫傳芳原是張宗昌的建議，派到湖北的代表也是張的舊部；因此我到瀋陽便住在張公館。我在東北一個多月，和張作霖見過三次。未見他之前，我以為他是叱咤風雲、紅鬍子一流的人物，見了面方知他十分溫文儒雅。我第一次見過他，據說他問過張宗昌：「孫傳芳派秦某來，你看他是不是密探？」經張一番解釋，事情也就過了。

有一天晚間，張宗昌家中來了兩位客人，一位我已記不清，一位是黑龍江督軍吳俊陞。吳長得粗豪高大，和張作霖是親家，後來在皇姑屯與張作霖一同被日本人炸死。張宗昌和兩位客人要打牌，三缺一，張一定要我湊一角。我在陸大讀書，小參謀一個，不精此道，一再推辭；但主人強邀，只好勉力奉陪。終局時，我贏了三根籌碼，輸家付出三千元交通票。我堅決不收，對方一定要付，一時頗為尷尬。最後，張宗昌伸過手來，從三千元中抓起一疊，塞在我口袋裡，其餘的推到輸家面前，這一場推讓才算停止。事後我把那疊鈔票數了數，有五佰多元，比我携帶的旅費還要多。

由東北回北京後，把主要意見電孫傳芳報告。他派我為總部參謀，駐京辦事。此時，我一方面替孫辦事，一方面繼續在陸大讀書。

參謀旅行

民國十一年四月，吳佩孚出兵攻張作霖，此為直奉第一次戰爭。結果張失敗，退入東北，自稱東三省保安司令。同年六月，曹錕和吳佩孚迫徐世昌辭職，擁黎元洪復任總統。此時，我在陸軍大學讀書。到同年冬天，我才畢業。

畢業之前，照例要作一次參謀旅行。所謂參謀旅行，就是戰略戰術的實地演習，其步驟為：根據實地狀況，配合想定，決定攻防原則，在地圖上配備兵力，以及砲兵位置，作成整個作戰計畫，然後由教官根據戰略戰術原則，加以品評，以定優劣。

我們參謀旅行，由參謀總長張懷芝率領。由北京乘車至泰安、曲阜等地，乘此機會遊覽名勝。我們參觀孔林、孔廟、孔府（衍聖公府），同學等均極興奮愉快。

在我們到達曲阜的時候，張懷芝集合全體同學講話，大意說：「山東是禮義之邦，現在我們在曲阜，是禮義之邦的禮義之邦。你們要好好的守規矩。如果我知道有人到村子裡調戲婦女，那就叫『王胖子跳井，下不去。』」

聽了他這一篇粗俗不堪的話，同學們都暗中竊笑。

參謀旅行回來，參加畢業典禮以後，我們就離開學校了。

軍旅生活的開始

駐守豫東

陸大畢業後，第二十四師旅長兼豫東鎮守使王為蔚將軍（直系，河南督軍張福來部）向孫傳芳總部調我為鎮守使署的參謀長，駐歸德（後改商邱縣），轄地為豫東三十八縣，東接江蘇碭山，南至安徽亳州，北達山東曹縣。歸德為豫、蘇、皖、魯四省邊區，盜匪出沒無常，民不安居。我在歸德二年半，助王剿匪安民，地方賴以安寧。

第一次直奉戰後，張作霖在東北，始終不和直系合作，曹錕、吳佩孚不能忍受，於民國十三年九月，又發動第二次直奉戰爭。直系軍隊，仍由吳佩孚率領。此時，王為蔚開去鎮守使缺，專任旅長，仍駐河南。原先駐在河南的直軍部隊，大多調往山海關一帶作戰，全省大部地方秩序，由王旅長維持。豫東鎮守使由劉煥臣繼任，我仍任參謀長。後來劉又調赴前方任張福來總司令的參謀長，我負豫東留守任務。

直軍攻出山海關，正和奉軍激戰，直系將領馮玉祥等忽然從前線班師回北京，稱「國民軍」，迫曹錕退位。吳佩孚見局勢發生變化，即由海道入長江，退到漢口，於十月間下野。此時，王旅長奉命擴編成師，我充該師參謀長。編練尚未就緒，馮玉祥的國民第二軍胡景翼、岳維峻率師入河南。王師長率部抵禦，在彰德西北三十里的六和溝，夾漳河對陣，激戰二旬，胡、岳的軍隊被阻於漳河北岸，未能南下。

正在此時，駐在陝西的劉鎮華軍憨玉崑部，出潼關入河南爭地盤，襲取洛陽、鄭州。我方聞訊，為顧慮後路被截，乃自漳河南岸自動撤退。

撤退時，一共預備了九列車。我同王師長上了第三列車，車未開行，我覺得後邊還有六列車，責任心重。就請師長先走，我乘最後一班車，約好在鄭州見面，第二天到詹店站時，我見車上狼藉不堪，就去問站長，才知道昨晚王師長車上著火，現大洋燒成銀餅，王受驚不小，但幸而沒有險。

到了鄭州見王師長，他急得流淚。我安慰他說：「好在有驚無傷。」

在鄭州商量的結果，決定將隊伍開到豫東，蘇、豫邊境的楊集一帶駐紮，因在該地駐軍兩年多，情形比較熟悉。此時，官兵的給養和裝備極感困難，各方都來爭取王部，其中以國民第二軍和第三軍爭取尤為激烈。

民國十四年，決定接受國民第二軍（軍長岳維峻）第五師的番號，移駐河南中部的周家口，補充整訓。此時，我任參謀長，兼騎兵團長。

周家口西至京漢鐵路漯河車站約一百四十里，氣候溫和，茂林修竹，花木蔥蘢，頗具江南風景特色。

驅逐張宗昌

馮玉祥在俄國人的支援之下，又發動了反奉戰爭。此時，王師在周家口已整訓了半年。到十四年十一月，國民第二軍軍長兼河南督辦岳維峻，派李紀才為總指揮，督率田維勤、陳文釗、及王為蔚等師（我任王師旅長）入魯，驅逐奉軍張宗昌。雙方部隊，在泰山以西之山麓展開激戰，約二月，因奉軍有東北兵工廠製造的迫擊砲，火力極強，我方傷亡頗重。

在作戰的過程中，李紀才曾祕密派遣輕裝部隊，由泰山東麓小徑，抄襲濟南，這一支部隊到達了距濟南八里的八里窪，張宗昌倉促間，一面派警察衛隊抵禦，一面準備撤退。但因李部無後續部隊，故濟南未能攻下。這一戰役，頗合兵法「出其不意，攻其不備」的要領。如事前多派一兩團繼續隨進，則濟南唾手可得。李不願讓人知道，所以策劃不週。

民國十四年十月，吳佩孚再度出山，聲稱受十四省的擁戴，在漢口就任討賊聯軍總司令。同年十二月，靳雲鶚受吳委任為討賊第一軍總司令，馳赴山東。豫軍陳文釗、田維勤、王為蔚等均直軍舊部，於是均聽靳節制。靳與張宗昌均山東人，雙方立即罷戰言和，並由張供給靳槍械彈藥。民國十五年二月，靳便率領陳、田、王等部，回師河南。

靳雲鶚率軍回豫

靳雲鶚率軍西進時，寇英傑奉吳佩孚命已率五混成旅進入河南月。

靳雲鶚到河南與岳維峻部激戰於歸德、蘭封等地。當我軍進攻蘭封時，我率步兵一旅，共八營為總預備隊，隨攻擊部隊前進。我軍前方敗退，岳軍進擊頗烈。我便集合全旅訓話，大意說：「國民第二軍素來沒有訓練，也沒有紀律。打勝仗便爭功，打敗仗互不相救。現在他們追來的是爭功的極少數部隊。我們用全旅反攻，勝利確實有把握。」說完了，隨即下令猛烈反撲。岳軍不支，我軍乘勝直下蘭封、開封。岳軍退走鄭州。

我軍會同京漢線友軍寇英傑部攻下鄭州。岳軍退豫西洛陽。後來困於紅槍會，全軍潰散。

十五年三月，豫局底定。吳佩孚派寇為豫軍總司令，兼河南督辦；靳為討賊聯軍副司令，兼河南省長。靳心裡很不高興。日後吳、靳失和，這是主要的原因。

直奉聯合討馮

馮玉祥派河南國民軍入魯驅逐奉軍張宗昌後，又聯絡奉軍郭松齡倒戈，先後均告失敗，便宣稱下野，去俄考察。吳佩孚對馮玉祥深惡痛絕，達於極點，民國十五年春，便派寇英傑入豫，靳雲鶚入魯，田維勤出陝，與奉軍聯合夾擊馮玉祥的部隊。

吳軍由鄭州沿京漢鐵路北上，奉軍由京奉鐵路經天津進發，會師於北京。討馮聯軍，號稱「討赤軍」。馮部退守南口（在北平西北，居庸關內），與直、奉聯軍展開戰爭。

後來，馮軍西撤。吳軍王為蔚任中路指揮，率部由淶水、易州（兩地在北京的西南方）越山地向察哈爾境宣化、張家口（今察哈爾省會）進攻。此時，我在王師任旅長。沿途重巒疊嶂，行軍極為困難，常常無路可走，只好沿山谷間溪流兩岸徐行。遇到這種地形，我就牽著馬走路，否則馬蹄插入石縫，便要折斷馬腿。這一帶山地，居民甚少，物資缺少，軍中所需給養，全由士兵從易州背負運送。

我軍到宣化南面約百里的山地，和馮軍的衛隊旅馮治安部遭遇，激戰三晝夜。他們堅守一座小廟頑強抵抗，叫他們繳槍，他們說：「馮玉祥的隊伍沒有繳槍的。」結果他們乘夜退走，我旅追縱，經宣化，到了張家口。

當時到達張家口的部隊，直軍方面只有我們一師，其餘都是奉軍。因為奉軍的紀律不好，居民多逃到我們的防區，為了這件事，很遭奉軍嫉妒。以後我們得情報，知道奉軍總部曾有電報給前方部隊，大意說：「張家口、宣化一帶，凡是與奉軍爭奪駐地和戰利品的，不管是誰，都以敵人對待。」我部為避免無謂的衝突，復以廣東的革命軍已進入湖南，便陸續撤到河南的鄭州。

在我軍南撤的時候，奉軍節節跟進，到了黃河北岸，和我軍夾河對陣。

到了鄭州，王為蔚師改編為軍，我帶領的這一旅改編為師。

吳佩孚講《易經》

民國十五年夏，吳佩孚從漢口移駐鄭州。當時，我的部隊正好也駐在那裡，因為兼任警備任務，所以常常晉謁。有一天，我向吳報告防務，看見他辦公桌上有一部《易經》。

他看出我特別注意這一部書，就問我道：「秦師長，你研究過《易經》嗎？」

我答道：「年輕的時候讀過，不過不怎麼瞭解。後來受教育，帶隊伍，都很忙碌，就沒有進一步的研究。」

吳說：「這裡有一部《易經》，你可以隨便檢一節，我給你講講。」

我就遵從他的意思，指著乾卦上九亢龍有悔一節請他講。他雙目炯炯的向我逼視著，停了一下，講道：「『亢』，就過於上而不能下的意思。如果做事過於高傲，或者離開法度，就叫『亢』。『亢』的結果，一定陷於『悔』。這是字面的解釋。我再拿事實來證明給你聽。辛亥之役，革命軍並無必勝的把握，是因為袁項城（袁世凱）聯合北洋七十二將領籲請清帝退位，民主共和政體方告成立。假使項城以身救國，以身許國，不鬧洪憲，不作皇帝，則項城的勢力，雖到了今天仍然存在。因為他鬧洪憲，作皇帝，所以全國討袁之師，如風起雲湧。蔡松坡（蔡鍔）的反對，是在意料中的。陳二庵（陳宧，四川將軍，當初擁袁最力）的反對，親親變為仇仇，是意料之外的。因此，項城的鬧洪憲，作皇帝，是項城的『亢』。項城的失敗，以至於死亡，是項城的『悔』。這就叫『亢龍有悔』。」

我聽他說了這一段話，心裡覺得很有道理，佩服的不得了，便說道：「這種事例還有沒有呢？」

吳說：「有的，有的。段合肥（段祺瑞）繼項城掌握北洋兵權，因為他主辦軍事教育歷有年所，門生故吏徧中國，假如合肥公忠體國，一秉大公，不作參戰借款來擴充自己的武力，消滅異己的武力，則民國九年的直、皖戰役自然不會發生。所以合肥的鬧參戰借款，擴充部隊，剷除異己是合肥的『亢』，我們於民國九年揮師北上，將其摧毀，是合肥的『悔』。這也叫『亢龍有悔』。」

我對他的見解和分析，更為敬佩，進一步請教道：「這種事例以後還有沒有呢？』

吳瞪著眼睛朝我望了好一息，說道：「說到我們本身也是一樣。十三年之役，我們在軍事上並未失敗，只因曹大帥的一般勢利幹部要想攀龍附鳳，希榮固寵，一定要擁護曹大帥當總統，於是賄買議員選舉總統。到了總統選舉成功了，而賄選的罪名也確定了。所以賄選就是『亢』；失敗就是『悔』。這也叫『亢龍有悔』。以上所談的，統可作『亢龍有悔』的例證。」

說到這裡，他靜默了好半天，最後對我說：「以後你可以隨時到這裡來，我再講其他的道理給你聽。」

迎擊南下奉軍

民國十六年春，我師奉命東進，迎擊開封方面的奉軍。兩軍相遇於中牟（在開封、鄭州間，沿隴海鐵路），血戰一週，將奉軍擊退，收復開封。當時，與我共同作戰擊退奉軍的，尚有寇英傑部的賀國光師。賀今年七十八歲，健康甚佳，現居住臺北。

奉軍在河南的攻勢頓挫後，加派張學良、韓麟春等部進駐黃河北岸，聲言前來援助，抵制由京漢鐵路北進的革命軍。此時，我軍一方面陷於南北受敵的形勢，一方面靳雲鶚又想取吳佩孚自代。吳感於內外交迫，於十六年三月，離鄭州赴鞏縣（在鄭州、洛陽間，沿隴海鐵路）小住月餘，又走南陽鄧縣（兩地都在河南西南部），渡襄河南去，轉入四川。沿途雖然極艱險困苦，但吳仍談笑自若，沿途飲酒賦詩。

吳佩孚離河南後，靳雲鶚自稱河南保衛軍總司令，王為蔚部為第一軍，我任第一軍第一師師長。

初靳雲鶚胞兄靳雲鵬在奉軍張作霖處作謀士，又與張為兒女親家，故頗得張信賴。雲鵬曾與其弟聯絡，令雲鶚受命於張，不意雲鶚早已加入反張陣線，突然先向奉軍開砲。雲鵬大窘，幾無地自容。

奉命守黃河鐵橋的靳軍高汝桐旅長，親率裝甲車突襲奉軍，奉軍亦用裝甲車迎戰。在鄭州附近，敵軍砲彈射入高旅長裝甲車砲孔，高被炸死車內。河南保衛軍與奉軍轉戰於鄭州、許昌（在鄭州南，沿京漢鐵路）一帶。此一戰役，奉軍頗受損失。

王軍長和靳意見不合。靳的軍閥思想與官僚習氣極為濃厚。靳、王為換帖兄弟，王給靳的電報，上稱：「靳總司令薦青兄。」下署：「弟某某叩。」靳覆電稱：「某電悉，余已就總司令職，嗣後體制尊嚴，往來文電，不得　以兄弟相稱，特此電達。」王一怒離去。我接任第一軍軍長，與奉軍相持許昌、漯河（在許昌南面，沿京漢鐵路）一帶。

當時奉軍在許昌，我軍在漯河。我軍迭經進攻，均因械彈補充未足，不能獲勝，但仍堅守漯河陣地。我佈防左翼，距漯河車站六十多里，後來靳下令撤退時，鐵路線上的部隊立即接到，我因路遠，遲一日始接到命令。此時，正面部隊已經撤離，我於拂曉撤退，留二團抵抗正面敵人，大部正向南轉進。奉軍騎兵萬福麟、馬占山等部，向我包圍，並勸我向奉軍投誠，經我嚴辭拒絕。正在一面抵禦，「面撤退的時候，駐舞陽（在漯河西）的地方部隊王廼文旅，向我襲擊，圖劫武器。於是，我部陷於兩面作戰的困境。

到了下午四時，將王廼文部擊潰，全軍已一天沒有吃東西。我軍向駐馬店（在漯河南，沿京漢鐵路）撤退途中，經過西平縣的合水鎮時，有一座關帝廟，我就率同參謀長和各師長到廟中休息。打了一天仗，喝點水，在香案上籤筒中隨便抽了一籤，但心中卻很虔誠，意在藉此以卜休咎，查了籤條，有四句詩，大意如下：

知君應是萬戶侯，
如今騎馬勝騎牛，
須知騎牛多障礙，
還是騎馬得自由。

那時，有一輛小汽車，還有二輛卡車，我原是坐小汽車的。大家走出廟門，我忽然覺得汽車是牛，便拿了一牀毯子搭在馬背上，換馬前進。小汽車便交給房海秋副官乘坐。房副官坐車走了二百多公尺，突遭馬占山的騎兵襲擊，在車上陣亡。真是吉凶禍福，決於一剎那之間，不是常理所能解釋的。房副官有一子名興耀，臺中省立農學院畢業，現在屏東糖廠服務。此事相隔三十餘年，猶歷歷在目。

北伐與編遣

靳雲鶚的出走

民國十四、五年間，吳佩孚占有湖北、河南兩省，及四川省的東部，並與湖南有緊密的聯繫。孫傳芳占有江蘇、浙江、安徽、江西、福建五省，稱「五省聯軍總司令」。張作霖占有東北及直隸、山東、熱河、察哈爾、綏遠等省區。民國十三年，中山先生命令總統蔣公在黃埔創辦陸軍軍官學校。十四年三月十二日，中山先生病逝於北京。七月，中國國民黨在廣州成立國民政府。十五年六月，國民政府任蔣公為國民革命軍總司令。七月，誓師北伐，向兩湖進軍。

湖南省長趙恒惕的部將唐生智將趙逼走，宣布參加國民革命軍。吳佩孚和趙部葉開鑫反攻長沙失敗，國民革命軍進至岳州（岳陽，在湖南北部，沿粵漢鐵路）。吳佩孚率軍守汀泗橋（在武昌南，沿粵漢鐵路），八月三十日，主力又為革命軍擊潰，漢口、漢陽及武昌先後光復。

革命軍唐生智所部由武漢北進至信陽（在河南南部，沿京漢鐵路），我軍在駐馬店，遂參加國民革命軍，繼續北伐。馮玉祥部亦由潼關東進，分路出擊，其右翼軍總指揮孫連仲至確山（在駐馬店南三十餘里），亦與我軍聯合北上，即將奉軍擊退至黃河北岸。開封、鄭州次第收復。

民國十六年夏，馮玉祥奉國民政府任命，正式就任國民革命軍第二集團軍總司令。靳雲鄂任第二集團軍第二方面軍總指揮。同時中央又任馮為河南省主席，靳為省政府委員。靳頗不平，因此馮靳積不相容。

馮下令調靳部入魯攻張宗昌，靳不受命，便派我到漢口同汪（精衛）唐（生智）接洽，要求第五集團軍總司令名義。汪說：「靳總指揮在北方革命頗有勞績，現在發表做中央直轄第八方面軍總指揮，這樣便可以脫離馮的控制。」

我從漢口回漯河，向靳報告，時正遇馮下第三次命令，要靳率部赴魯，並補充款彈。靳仍堅不奉令。我苦口勸說，靳覺得我袒馮，彼此爭辯甚力。我不願革命陣營分裂，就說：「現在你是第二集團軍的一個方面軍，卻不受第二集團軍的命令。同時，你又不就中央發表的第八方面軍，宣布脫離第二集團軍。我認為不接受馮的命令，即應接受中央的命令。既不接受中央命令，便仍屬第二集團軍，便應奉命入魯。這樣僵持，不是明智的辦法。」

我的意見，靳始終不能採納。

不久馮下令免靳職，以馬吉第（原為靳的軍長）接靳的總指揮，我兼副總指揮。馮並令孫連仲由確山、駐馬店向北，孫良誠由鄭州、新鄭向南，兩面夾擊，靳部潰散。靳本人就帶少數衛士逃赴皖北，再轉上海。

這一役，我將部隊調到京漢線以東約三、四十里遠的地方，沒有參加戰鬥。

對馮的批評和建議

靳走後，我的部隊編入馮軍為第二十三軍，調到河南北部新鄉（京漢與道清兩鐵路的交點）繼續北伐。我的隊伍原隸屬王為蔚，是吳佩孚的舊部，與馮素無淵源，我覺得不便帶兵，到了新鄉，便先後六次請辭，每次馮都不准。最後在我的堅辭之下，始核准我和馮治安對調。馮治安任第二十三軍軍長，我任馮治安所部的第十四軍軍長。後來我又電辭，馮便調我擔任總司令部的副總參謀長。當時的總參謀長是曹浩森。從這個時候起，我便佐助馮軍完成北伐的任務。

我調職大約一個月的功夫，北伐軍節節勝利，馮軍的總司令部進至道口（道清鐵路的起點，新鄉東北）有一天，馮和我對面坐在辦公室前葡萄架下一座石桌旁談話。說到後來，他一定叫我對他的都隊和他個人儘量批評。我看他心情很好，態度也誠懇，便說道：「我到這裡時間很短，部隊沒有詳細看過不十分清楚。但我在總司令部見到各處負責人員，一切都奉命唯謹，對於重要的決策從來不作主張，所有軍政大計，統統由總司令個人決定。我認為這一點應該加以考慮。我讀過幾本線裝書，記得古人說過一句話：『用師者王；用友者霸；聽屬下者亡。』總司令要能延攬人才，集思廣益，才有更好的效果。」

當時，馮聽了我的話頗受感動，站起來和我握手，改稱我叫「紹文先生」，並且接著鄭重的說：「此後總部分兩方面辦事：一方面是決策部門，由各處首長分別負責；一方面是執行部門，由各處辦事人員根據原則自行處理。務必請你站在指導的地位，要『知無不言，言無不盡』。」

他說話的態度極為謙遜，我心裡也很受感動。

濟南事件

當民國十五年七、八月間，國民革命軍和吳佩孚在湖南、湖北兩省激戰時，孫傳芳擁兵自守，對吳採取觀望態度。等到吳軍失敗，再行準備決戰，在軍事上已經失去有利的時機。革命軍由贛南、閩南分東、西兩路向孫軍包抄：西路連克九江及湖口；東路攻下長汀及龍潭；予孫軍以極大的挫敗。接著，又攻克杭州和上海。到十六年三月南京光復。同年四月，國民政府定都南京。

在武漢方面，共產黨受第三國際指使，早有奪取國民政府領導權的野心自國府宣布定都南京後，汪兆銘等被共產黨利用，亦在武漢成立政府，與南京方面形成對立。後來，因國內人心歸附南京，國際間亦多以南京為交涉對象，汪等又發現共產黨主使暴動的密件，便將武漢政府撤銷，和南京合作。

此時，張作霖在北京，尚控制著直隸、山東、熱河、綏遠、察哈爾、及東北三省等地區。民國十七年春，國民革命軍繼續北伐。大軍由蔣總司令率領，自南京循津浦鐵路北進。軍事進展極為順利，將達河北邊界時，駐在膠濟鐵路的日軍，竟在濟南出兵阻撓，中央軍李延年團長已經進占濟南，據守普利門（西門）堅強抵抗，日軍便砲轟濟南城，並違反國際公法，殺死我軍的交涉員蔡公時，造成「五三」事件。
蔣總司令先派熊式輝前往接洽，為日人拒絕。再派何成濬與日軍交涉，日軍福田師團長竟提出：

一、膠濟鐵路交日人管理；
二、濟南附近二十里內不許駐兵；
三、賠償此次事件日方的損失；
四、向日方道歉。

等項無理條件，並強迫簽字，何嚴辭拒絕，竟遭日軍拘禁。後來，日軍見何意志堅定，不可改變，始允許何離去。

我隨馮謁見蔣公於黨家莊（在濟南以南，沿津浦線），決定避免衝突，除在濟南附近，留一部分兵力與日軍相持外，其餘主力，均由齊河縣（在濟南西北約七十華里），繞道北伐。後來由駐在山西的閻錫山部隊，和駐在西北的馮玉祥部隊，配合出擊，終於在六月八日收復了北京。

當國民革命軍自南京北伐時，日本田中首相曾派山梨大將勸張作霖回東北坐鎮，張氏不理。再由日本駐華大使芳澤向張提出警告，申言如不聽勸告而與國民革命軍作戰，萬一失敗回東北，日本將在山海關予以攔阻。田中的目的是想把東北劃為特殊區域，有關東北的問題，均以張作霖為對手，直接謀求解決。

在北京失守的前數日，張作霖回東北，專車經過皇姑屯時，被日本關東軍參謀河本大佐所埋伏的炸彈炸死。他的兒子張學良，在同年十二月間，宣布擁護國民政府。全國統一。

佐馮練兵

馮從黨家莊回來，對日方的侵略野心非常憤恨，便開始終日的整訓部隊，作為抗日的準備。當時，他所表露的那份愛國精神和民族意識，給我留下極深刻的印象。

有一天，在開封的演武廳操場訓練張自忠師，以團作單位，一團一團的詳細校閱。馮叫我將他所說的缺點一項一項記下來，以便日後改善；又說：每團校閱完畢，叫團附帶隊回營休息，團長和其他的官長都要留著聽他講話。我當時忽略了後面那一段，於是看完一團，走掉一團，連團長也走了。

張自忠師一共有七個團，看到第七團時，馮問我：「我們的官長集合齊了沒有？」我說：「報告總司令，參謀長忘了傳令，官長已跟著隊伍回營去了。」

我以為馮一定要發火，誰知他並沒有擺臉色給我看，只是一面走，一面說：「參謀長忘記傳了！」隔了一息，又重複一句。

他越不責備我，我越覺得無地自容。正在我尷尬的時候，忽然遠遠的有兩個老太太向我們這邊走過來，馮抬頭一看，對我說：「不知那兩位老太太是幹什麼來的？」

我正好借這個機會下臺，連忙跑上前去問訊。原來她們是本部官佐的遺屬，我問清了她們兒子的姓名、官階、部隊番號、陣亡的地點和時間，便跑回來向馮報告。馮慢慢的說：「派人領她們到撫卹處去領撫卹費。」

編遣與中原大戰

民國十七年十月，馮任國民政府行政院副院長，兼軍政部部長，時常往返於河南、南京之間。

十八年春，政府舉行編遣會議。當時第一、二、三、四集團軍，以馮的第二集團軍部隊較多，因此裁併的亦較多。我隨馮在南京三牌樓辦事。最初，馮很熱心裁併，今日一電令，明日一電令，裁了八、九師。忽然有一天，馮由軍政部回來，向我說道：「咱們裁編電報以後不要再發了。」

又說：「人的十個指頭不是一般齊，削長補短，削足就履，總不是辦法。」

從此，馮對中央的一切漸漸的消極，沒有好久他就離開南京返回河南，仍然積極的整訓部隊，大有待機出動的樣子。

馮覺得部隊中的長官多為行伍出身，想慢慢改用知識份子來接替。因為這個改革引起內部發生變化。他先用留俄學生張允榮接替韓復榘的孫桐萱師，對於這一個更動，韓頗表不滿。

接著，馮又將總司令部從開封移到西安。當時，韓復榘兼河南省政府主席；孫良誠兼山東省政府主席，在孫未到任之前，由石敬亭代理。馮覺得軍隊駐地遼濶，不能集中，便先將山東孫良誠西調。馮部的將領以西北地方苦寒，人民生活困難，都把西北視為畏途，頗有携貳之心。

我曾將此一情形，一再向馮說明，可是未被採納。

十八年五月，韓復榘、石友三叛馮歸中央。此時，馮已與閻錫山取得聯絡。閻邀馮赴山西，西北軍一時陷於群龍無首的狀態。同年秋，宋哲元用西北軍代總司令的名義，從陝西率部入河南，據洛陽；唐生智據鄭州；先後通電抗拒中央，在洛陽、鄭州、開封等地與中央軍展開激戰。結果，唐軍全毀；西北軍失敗，又回到了陝西。

十九年春，閻、馮實行合作，由閻任中華民國軍總司令，馮為副總司令，聯合向中央進攻。在河南省蘭封、許昌等地，和中央軍激戰七個月。當時，鹿鍾麟兼第二集團軍總司令：我任參謀長，兼前敵總司令部總參議。前敵總司令部參謀長為熊斌。大戰之後，西北軍部隊精銳消耗甚鉅，國家元氣大受損傷；中央軍方面，損失也相當重。這一次戰役，閻、馮打了敗仗，於是馮又到山西。馮部只有宋哲元這一軍尚未接受中央的改編。

不久，中央任命張學良為全國陸海空軍副總司令，負責整理北方八省的部隊，宋部編為第二十九軍，駐在山西陽泉、汾陽、運城一帶，餉款頗為困難。

十九年冬，中原戰事結束，我便回到北平，本來打算稍事休息，二十九軍軍長宋哲元再電邀赴晉，擔任參謀長，幫同他整理部隊。到了山西，我已經年苦戰，心力交瘁，不想再擔任作戰的職務，便辭去參謀長，改任總參議。後來，又調任副軍長，代表宋去校閱所屬部隊，並代表他赴瀋陽，和張學良接洽。

和馮的一段談話

民國二十年春天，馮到山西後，住在汾陽城西山中的玉帶河，距汾陽城三十華里。汾陽駐有宋部一團，我代表宋前往校閱。接到馮的電話，他說：「聽說參謀長到了汾陽，是到山裡來看看？」

我說：「我校閱完畢就進山。」

第二天早晨八點，黃團長派馬相送。我覺得馮已失敗下野，應該去看看他。我進了西山，到達距玉帶河五里的地方，前邊是高地，老遠就看到一個大個子，跟隨著四、五個人，愈走愈近，我想也許是馮先生來，果然他來接我了，見面握手，他含著眼淚向我說：「從前我以為自己訓練出來的部隊是好的，外邊來的部對是差的；跟隨我時間久的是可靠的，後來的是不可靠的；可是在危急患難的時候，倒戈的卻都是股肱心腹。現在老遠來看我的，都是外邊的朋友，真是既感且愧。」

他一面說，一面掉下淚來。我忍受不住，也滿眶淚水。我在馮的寓所住了三天，談了許多話。馮一面追悔以往的錯誤，一面要爭取未來的前途。說到思想方面，他一再勸我放棄唯心的學說，改信唯物論。他介紹我很多他認為必讀的書籍，如《資本論》等。當時，左翼的人很少在他周圍，但是左傾的書卻很多。

在談話中，馮反對「中道」之說，他講了一個比喻：「你們贊成中道，我可不贊成。如果在五里路外發生火警，你們趕去救火，走了二里半就停止，這算是中道，無論怎麼說，總是不對的吧！」

我說：「我們既然去救火，要救了火才叫中道。二里半是沒有到達，根本不是中道。」

從幾天的接觸之中，我看出他內心的苦悶，在思想上，他已明顯的有了左傾的趨向。

應付日本的侵略

二十九軍入察哈爾

日本軍閥和政治野心家，所擬訂的向外擴張計畫，原以整個中國大陸為對象。日本為逐步實現蠶食鯨吞的目的，隨處利用時機，採取分化手段，儘量鼓勵中國軍人發動內戰，決不願中國建立強有力的統一政府。

國民革命軍北伐之初，日本頗有支援國民黨的意思。但等到革命軍光復南京，又出兵繼續北伐時，在山東方面，藉口護僑，砲轟濟南城，造成「五三」事件；在東北方面，更肆意橫行，製造許多糾紛。

張學良因為父親死於日人的謀害，心中非常仇恨日本。他既握東北實權以後，便公開反日，一方面趕築與南滿鐵路平行的縱貫鐵路；一方面興建葫蘆島，與日本控制下的大連港相抗。日本軍閥認為東北問題，非使用武力不能解決；同時，在奪取國內政權上亦有需要。便於二十年七月，唆使萬寶山朝鮮籍農民和中國農民發生衝突。八月間，又捏造中村上尉失踪事件，向中國提出強硬要求。到同年九月十八日夜間，破壞瀋陽附近柳條溝鐵路；又用從旅順祕密運來的要塞砲，轟擊瀋陽附近的北大營。

當時，我軍希望和平解決沒有發動抵抗，日軍便強據了瀋陽和附近的城市。日本的若槻內閣，除首相外，真正反對東北事件的只有幣原外相、井上藏相，雖曾設法制止事態擴大，可是當時的日軍，已不受政府的控制。日本關東軍在石原的參謀指導之下，在東北平原上奔騰前進，向吉林、黑龍江推展。驅逐了馬占山，奪取了錦州我軍在關外的最後據點，東北三省便全部淪陷。

「九一八」事變後，上海成了反日的中心。自從民國十四年「五三」事件以來，上海的日本工廠，因中國工人常常發生工潮，非常感覺困擾。東北淪陷後，日人的態度轉趨強硬，對於反日行動，主張使用實力鎮壓。日本陸軍與海軍，平日互爭預算，毫不退讓；此時陸軍在東北既已得手，海軍為爭立功勳，自亦躍躍欲試。

在發動進攻之前，照例先製造事件。中國人在九一八事變後，對於日本人痛恨刺骨。日軍竟唆使「日蓮社」僧人團，在上海街頭打鑼打鼓遊行。有少數中國市民不能忍受，便與遊行僧人發生衝突，隨行的日本浪人，即刻拔刀打鬥，結果中國人很多受傷，三友紡織廠亦被日人燒毀。

一月十二日，駐在上海的日本海軍，向上海市政府提出解散反日團體、禁止反日活動的要求。十三日，大批日艦到上海。二十四日，提出嚴厲條件限時答覆。上海市政府雖然完全接受，但到二十八日，日本海軍陸戰隊亦仍然向中國進攻。

當時駐紮上海的是陳銘樞的第十九路軍，便只有武力抵抗。日本一再增援，打了一個多月，仍然沒有得勝。後來英、美等國出面調停，於五月簽訂淞滬停戰協定，將上海畫為非軍事區。

民國二十一年，張學良代理軍事委員會北平分會委員長，宋哲元與我為分會委員。有一次張學良對我說，他想任宋兼察哈爾省主席，將二十九軍調至察哈爾，叫我去電和宋哲元商量。宋表示同意，經中央發表後，二十九軍即調赴察省。

察哈爾毗連熱河、內蒙，為日本滿蒙政策必欲爭取的目標，因此對日交涉頗為繁重。這時我是二十九軍副軍長，宋命我隨時和日方辦理外交。我抱定不喪權、不辱國的原則，和日方周旋，總算沒有發生特別的事故。

喜峯口之役

日本在發動九一八事變之前，即訂有所謂「滿洲建國綱要」。但在「滿洲」建國，最好利用滿清遜位皇帝溥儀。東北被占後，日本特務頭了土肥原賢二先將溥儀從天津帶到大連。二十一年一月溥儀赴瀋陽。同年三月「滿洲國」成立。溥先稱執政，後稱皇帝。同年九月，「滿洲國」和日本訂立「日滿議定書」，允許日軍駐屯滿洲。日本派關東軍司令為駐「滿洲國」大使，作為事實上的總督。

日本政府在東北建設成功之前，占領範圍本可不超出遼寧、吉林、黑龍江三省。但日本軍閥覺得熱河地勢較高，進可以攻平、津，退可以守東北，便又進攻熱河。

張學良部湯玉麟在熱河省政府主席，國民政府曾一再嚴令張學良死守。但日軍於二十二年二月底開始攻擊，湯部抵抗不力。湯本人亦於三月三日棄承德而走。日軍長驅直入即得熱河全省。

當時的行政院長汪兆銘通電聲討張學良，張乃辭職出國旅行。

軍事委員會委員長蔣公立即調派第二師黃杰部、及第二十五師關麟徵部，赴古北口（在河北北部邊境，喜峰口、羅文峪之西）防守。第二十九軍宋哲元部赴喜峰口、羅文峪

（在河北北部邊境，北平的東北方）二長城隘口堵擊。同時將宋部編為第三軍團。宋任總指揮，我任副總指揮。

三月九日十二點左右，第二十九軍開到，正逢友軍（東北軍萬福麟部第五十三軍）被日軍由熱河尾追，退進喜峯口。我部和日軍遭遇的是馮治安的第三十七師、張自忠的第三十八師、劉汝明的第一四三師。前兩師在喜峯口，後一師在羅文峪。

我軍和日軍在喜峰口展開爭奪戰，陣前高地山峯，我軍得而復失，失而復得者數次。從九日到十一日，戰況非常慘烈，三日三夜沒有停止。宋命我到前線去視察，就地和馮治安、張自忠兩師長，會同研究如何「變被動為主動」、「反守為攻」的辦法。我和馮、張兩師長，在喜峰口南約五里的撒河橋南岸高地側面會合。我們共同研究的結果，決定抽調兩個旅，一為趙登禹旅，一為王治邦旅，分由喜峰口左右的董家口與潘家口，夜襲日軍的側背。

我返回軍部向宋報告，他表示贊同，即下令照此計畫實施。但山地崎嶇，穿越行軍甚難。因為出敵不意，故斬獲甚大。計殲滅日軍步兵兩聯隊，騎兵一大隊，並破壞野砲十八門。經此夜襲後，日軍攻勢頓挫，再無大規模進攻，我後方平、津賴以安全。

是役蒙最高統帥蔣公迭電慰勉，全國各界團體，及華僑同胞，紛紛來前線慰勞。這是九一八事變以來，對日抗戰有聲有色的戰役。事後得承德（熱河省會）方面的情報，敵人在承德開追悼陣亡將士會，自認為是侵華以來前所未有的失敗和恥辱。

此戰役後，我任官陸軍中將，並授青天白日勳章。

塘沽協定和馮玉祥離察

當時，日軍還沒有進占華北的意思，到同年四月底，日軍陸續向長城線撤退。同時，國民政府派黃郛為行政院駐平政務委員會委員長，起用親日分子殷汝耕等為幕僚，由日本軍閥提出停戰條件，雙方於五月底，在塘沽（近渤海灣，在天津東南方）成立協定，我方全權代表為熊斌；日方全權代表為關東軍參謀副長岡村寧次。協定重要的條件是：

一、中國軍隊立即撤退由延慶到昌平、高麗營、順義、通縣、香河、寶坻、寧河及蘆台線的西南地區。

二、日本軍隊不再向中國軍隊進攻，並撤退到長城。

塘沽協定簽定後，我國保有平、津及其以東地區，但也因為這一個協定，不久的將來，殷汝耕在日本的卵翼下，成立了「冀東自治政府」，脫離中央，陷平、津於風雨飄搖中，岌岌不保的局面。

喜峰口戰役後，宋哲元將軍奉中央電令，仍回察哈爾省主席原任。但是當我們在喜峰口作戰的時候，馮玉祥在張家口組織「抗日同盟軍」，收復多倫（在察省東部邊境）。我們接到回察的命令，抗日同盟軍、日軍及其傀儡偽軍，在沽源（在多倫南）等地常發生戰鬥。

宋在北平先派我到張家口，向馮報告長城戰役的經過，並探詢馮今後的出處。經二日夜的研究分析，馮表示歡迎宋回任。他自願赴泰山休養。宋回察哈爾，火車到張家口車站時，馮率隊歡迎，見面第一句話是：「我是特別來歡迎抗日英雄宋將軍的。」馮、宋同車回馮住所，商談極為融洽。不久，馮赴山東泰山。馮所編「抗日同盟軍」部隊，由宋收編為正式部隊與地方部隊。

宋回任後，察省政府局部改組，中央叫我兼民政廳長，贊助宋主持甄選縣長、整理地方團隊、清查戶口、安定地方秩序等項工作。

東楂子事件

察哈爾省除了口北（原直隸省宣化府屬）十縣外，其餘地區，均係內蒙的地區。日軍為貫徹其滿、蒙政策，對於察省地區的侵占不能忘懷。民國二十三年夏，突然從熱河方面，向獨石口（在張家口西北）以南的東楂子進攻。

東楂子東方為高地，駐有張自忠師的一團兵力。敵軍攻勢十分驕橫，到達我軍陣地前約三百公尺處，我軍猛烈迎擊，予以嚴重的創傷。據前方報告，敵軍用二十餘輛汽車，才將這一次戰役的傷亡官兵運走。

日軍此次進攻，並非大本營的命令，而是前方部隊長貪功的舉動，或者屬於試探性質，見我方已有準備，未再擴大。最後，日軍承認是一種誤會而了事。

張北事件

（本節與作者在《傳記文學》第二卷第二期所發表之張北事件及其他一文內容相同，故略。參閱本書後面所收文章。）

冀察政務委員會時期

華北特殊化問題

民國二十四年七月，奉軍事委員會委員長蔣公由廬山電召，前往報告北方情勢，並請示機宜。當經委員長指示原則，大意如下：

「日本侵占東北以後，下一個目標是平、津二市和華北各省。但我國統一未久。國防建設尚未完成，不能和日本全面作戰，亟待爭取時間，加緊準備。中央現已決定，以宋明軒將軍完全負起北方的責任。你回去後，將此話告訴他，務必要忍辱負重。在北方能多支持一天，便可使中央對各種建設多充實一天。你們維持的時間越久，對國家的貢獻越大。唯一要注意保持領土主權的完整，妥密應付，中央決以全力支持。此事僅可密告宋軍長，不可告訴別人。」

我在廬山住了十天，回北平後，將委員長的指示密告宋哲元。

民國二十四年十月，中央發表宋哲元為北平綏靖公署主任，及冀察政務委員會委員長。我則發表為察哈爾省政府主席，兼冀察政務委員會常務委員。十一月六日，我調任北平市市長，仍兼冀察政務委員會常務委員。

當我由察省主席調任北平市長時，察省財政廳長過之翰來看我，他說：「您代理主席及正式做主席任內，尚存有一萬二千餘元，特來呈繳。」

我問他：「這是什麼錢呢？」

過說：「是財政廳稅收項下應撥歸主席太太的錢。」

我說：「我不要，現在是什麼時代了，這種既不合理、又違背潮流的稅收分配辦法，早該取消了，我決不要這種錢。請你繳還國家好了。」

過說：「這筆款項是由財政廳按期扣除存在財政廳的。公家應解的款子。都已呈報了。此筆款項您既不收，請酌量分配吧！」

結果，我用此款買了四部汽車，分配給民、財、建、教四廳公用。後來建設廳長張維藩向我說：「您當主席這一段落，您享了名譽，我們四廳得了實惠。」言下好像很滿意。

我到北平接任市長後，在冀察政務委員會中負責對日交涉事務。日方出面交涉的多為軍人。當時，日本在天津任駐屯軍司令官的是梅津美治郎，後來是多田駿（他的參謀長是酒井隆，戰後在南京槍斃），再後是田代皖一郎。民國二十六年初夏，田代在天津病歿，由香月清司繼任。日本駐華大使館武官高橋坦，為經常交涉的對手。

那時日本對我們的政策是利用華北軍政負責人，在日本卵翼之下，將華北特殊化，第一步不必完全脫離中央，只要實際上受日本的擺布；第二步，再步劉豫、張邦昌的後塵。

日本人所謂華北地方，指的是河北、山東、山西、綏遠、察哈爾等五省。在日本人的想法：山東的韓復榘是馮玉祥的舊部，雖已投順中央，但心中並不十分穩定，使他脫離中央並不困難。山西在閻錫山手中已有二十多年歷史，山西的軍隊完全聽命於閻。綏遠在閻系統治之下，亦不會超出閻的範圍。能爭取到閻合作，晉、綏即無問題。至於河北、察哈爾兩省，由宋哲元的二十九軍駐守，宋是不爭的領袖，係西北軍將領，應該也可以逐步加以控制，使他依附日本。別的不去說他，單就宋哲元及其二十九軍來說，後來事實證明，並不如日本人的期望，既沒有供日本人利用，也沒作任何不忠於國家、不忠於領袖的行動。

日本人也曾多次向我進行，想動搖我的信心，使我出賣朋友，出賣長官，出賣祖國，但都被我嚴詞拒絕了。他們看到冀、察兩省特殊化既不可能，便又改變方式，提出下列各種無理要求：

一、建築滄（州）石（家莊）鐵路。
二、開發龍（關）延（慶）鐵礦。
三、開發塘沽新港。
四、冀、察二省，平、津二市，重要行政人員任免須徵詢日方同意。
五、日本在華北駐兵不受限制。
經我答覆：第一至第三項，須呈中央核示；第四、第五項，有關國家主權，無法研討。此時，日本軍閥向我威逼、利誘，無所不用其極。我因為負擔交涉的責任，感覺十分的困難。

一二九學生大遊行

（本節與作者在《傳記文學》第二卷第一期所發表之〈冀察政委會時期的回憶〉一文內容相同，故略。請參閱本書後面所收文章。）

《獨立評論》停刊風波

（本節與作者在《傳記文學》第二卷第一期所發表之〈冀察政委會時期的回憶〉一文內容相同，故略。請參閱本書後面所收文章。）

與松井石根談話

（本節與作者在《傳記文學》第二卷第二期所發表之〈張北事件及其他〉一文內容相同，故略。請參閱本書後面所收文章。）

宋哲元怎樣應付西安事變

（本節與作者在《傳記文學》第二卷第一期所發表之〈冀察政委會時期的回憶〉一文內容相同，故略。請參閱本書後面所收文章。）

與松室孝良談話

（本節與作者在《傳記文學》第二卷第二期所發表之〈張北事件及其他〉一文內容相

同，故略。請參閱本書後面所收文章。）

王揖唐和雷嗣尚

冀察政務委員會是為了應付日軍和保持國家領土完整而誕生，它的使命是：一方面聽命中央，在冀、察兩省推行政務；一方面儘量避免和日軍發生衝突。因此，委員之中，不少是親日派人物。按中央編制的規定，該會設有三個常務委員。宋委員長擬定由我、王揖唐和齊燮元三人擔任。向中央報請核委的電報即將發出的那一天，下班之後，王揖唐到我家裡來，他說了許多要我幫忙的話，總括一句，就是：「上中央去的電報，請將我的名字放在第一。」

我對他說：「以資望、學識、年齡——不管哪一方面，不來告訴我，也應當把你放在第一。」

後來他看到中央核准的命令，三個常務委員裡，他果然列在最前面，頗為沾沾自喜。從這一件小事，可以看出他非常熱衷名位。七七事變發生，國軍從華北撤退後，他甘心作日本的傀儡，原是可以想像得到的事。抗戰勝利後，他以漢奸罪在北平伏法。

像王揖唐這樣的問題人物，宋哲元為甚麼要放在冀察政務委員會？答案很簡單：為了應付日本人。

民國二十五年，華北方面和日本接近的中國人如：陳覺生、齊爕元、張璧、潘毓桂等人，曾多方鼓動，分化第二十九軍。他們將第二十九軍的將領分作兩派：一派是秦德純、馮治安等，是抗日的；一派是張自忠等，是能和日本合作的。事實上，第二十九軍是一個整體，完全聽從宋哲元的命令。

這班親日分子，雖然把我當成攻擊的主要對象，常常向宋建議把我趕走，宋雖處境艱危，但始終不為所動。

當時北平市政府社會局長是雷嗣尚，他北平師範大學畢業，學識優良，性情豪邁，極富愛國心，是我的得力幹部。漢奸們向我進攻的時候，自然也牽涉到他。最後還配合日方，一再說雷，把華北的情報祕密報告南京，建議宋把他撤職。我知道宋有答允的意思，便再三力爭，結果還是准他辭職，由宋給他大洋一萬元，到國外去讀書。

宋為甚麼支持我？與其說他愛護部屬，信任多年的朋友，不如說他不想出賣祖國！但是，他為甚麼一定要雷嗣尚辭職？理由是日本和漢奸的要求，他不能完全拒絕。

我所知道的蕭振瀛

二十四年六月，宋因張北事件免職，我奉命代理察省主席。冀察政務委員會成立時，發表我為察省主席。到十一月六日，我調任北平市長，察省主席由張自忠接任。蕭以為接任察省主席的一定是他，結果不是，心中很不高興。幾度向我表示，希望出任天津市長。後來經我向宋哲元關說，宋勉強同意。十一月六日中央發表：河北省政府主席商震調河南；宋哲元兼河北省政府主席；張自忠任察哈爾省政府主席；蕭振瀛任天津市長。二十五年夏天津市長由張自忠調任；察哈爾主席由劉汝明接任；河北省主席由馮治安接任。

蕭是吉林人，喜歡讀線裝書。原來在石友三部下。民國十五年直、奉聯合「討赤」，會攻南口的時候，蕭任綏遠省臨河設置局局長，對於西北軍運兵輸糧的後勤工作，表現甚佳，很得宋哲元賞識。嗣調宋部軍法處長。十七年宋任陝西省主席時，蕭為西安市市長。二十一年宋率部入察，蕭亦隨往。

蕭為人直爽，個性特強，名利心比較重一點。他的口才很好，經常代表宋到南京各地，周旋於政要之間。因為他代領中央所發的款項，請客送禮，一擲千金，毫無吝色。

蕭有點迷信，夜間作夢，早晨必定查夢書。他說過：「一部夢書安天下，三十六罵定太平。」三十六罵指的是在他出任天津市長之前，他曾不斷的罵商震。我當時勸他不必這樣。他說：「你不懂罵的功用。」最後，終將商震罵得離開了河北。

蕭在北平的房子很講究，陳設華麗，排場很大。有一次他母親作壽，大張筵席，北方軍政首要，以及四大名旦，俱已到齊，較宋哲元為母作壽時，熱鬧數倍。

蕭在軍中，手頭也很大，跟將領們「拜把子」，拉關係，因此宋頗不滿。一般帶兵將領，就怕自己的隊伍被別人帶走。宋當然不能例外。後來宋感到蕭「言過其實」，所以在民國二十五年六月，將蕭的天津市長免掉。我問宋：「蕭的出處怎麼安排？」

宋說：「要他出國看看好了。」

結果宋拿了十萬塊錢給蕭做旅費。

抗戰初期，蕭從外國趕回，經保定、任邱，到河間看宋及我們這些老朋友，此時，蕭對宋略有微辭。

後來他從河北去南京，再從南京到重慶。

在重慶打撈一艘從前西南邊疆大吏給西太后進貢的沉船，得了一筆外財，就在重慶開辦大同銀行。因他與軍政界的關係好，故存款甚多，又恢復昔日的排場。我對他說：「你的銀行存款多，並不代表你的財富。相反的，存款越多，責任愈重。」他根本不聽。

到了三十四年抗戰勝利，存戶提款，使他無法周轉，每天東借二億，西借三億，應付到下午二點，銀行關門。這樣拖過二十多天，最後他忠了腦充血，險些把命送掉，銀行也潦潦草草關門。

後來他的病表面上雖然好了，但說話還是口齒不清。三十五年我代表陳辭修總長到北平考察軍調處執行部情形，並由平飛長春瀋陽。蕭已返平，正在籌備開辦銀行，跟人家爭房子。我當時勸他說：「蕭大哥（他比我大兩歲）不要忙這些事情了，還是養養身體吧！」他那裡放得下，沒有好久，因再度腦充血在北平逝世了。

蕭當年在華北的時候，和日本人過從甚密，有人懷疑他對國家的忠貞，那是冤枉了他。

七七事變

一段苦悶的時期

在七七事變以前，大約有兩年的時間，宋哲元以第二十九軍軍長兼任北平綏靖公署主任及冀察政務委員會委員長。所有冀察二省、平津二市的政務，以及區內的軍隊，統歸宋節制指揮。當時，因軍政關係密切，所以行政長官多由軍事長官兼任，如：河北省政府主席，由馮治安師長兼任；察哈爾省政府主席，由劉汝明師長兼任；天津市市長，一度由蕭振瀛擔任，後由張自忠師長兼任；北平市市長，由我兼任。

自民國二十四年秋，中央部隊黃杰、關麟徵二師由華北南調，冀、察兩省防務完全交由第二十九軍負責。那時第二十九軍共有四個師：

一、馮治安的第三十七師，分布在北平、保定一帶。

二、張自忠的第三十八師，分布在天津附近，大沽、廊房一帶。

三、趙登禹的第一三二師，分布在河北南部，河間、大名一帶。

四、劉汝明的第一四三師，分布在張家口附近，張北、懷來、涿、蔚一帶。

以一軍的力量，分布於二省二市，難免感覺單薄。

在七七事變前的一段時間，日本軍閥為了推行侵略政策，不斷的在華北製造事端，藉武裝衝突挑釁，使華北局勢日益緊張。比較緊張的是豐台（在北平南）事件。其經過如下：

民國二十五年冬，有一天，二十九軍的部隊出去演習，日本駐軍從外面演習回來，在一條馬路上相遇，彼此不肯讓路，發生了衝突，雙方互有死亡，結果以誤會了事。

從民國二十六年二月，至七七事變發生，這一段是我有生以來最沉悶苦痛的時間。當時，因日方提出種種無理的要求，宋哲元感覺十分痛苦，有一天，他約我去談話，對我說：「日本種種無理要求，皆關係我領土主權的完整，實在無法接受。日方一直以我做目標，如果我暫離華北，由你負責週旋，還有伸縮的餘地。因此我想請假，暫回山東原籍樂陵替父親修墓。」

我聽了立即表示不同意。我說：「這不是個人的榮辱苦樂問題，實在是國家存亡安危的問題。國家把責任交給你，不論你是否在北平，責任總在你身上，因此我不贊成你離開。」

當時，宋並沒有堅持他的意見，把他回山東的事暫時擱下來。但是到了二月二十日以後，日本對宋的壓迫愈凶，宋的心情愈壞，終究請假離平回籍。對日交涉的責任，便落在我的身上。

二月下旬起，日人幾乎每天都來看我，平均每天最少一、二次。日人中有軍事人員、外交官員、貴族院議員、新聞記者、退役大將等。當時我不但覺得不勝其擾，而且處境十分艱難。如果說錯一句話，就會被認作外交口實。連我和部屬或朋友間的私人談話，也要特別慎重。因為當時日本人收買漢奸，常常將有關外交問題的談話情報，交給日本人。所以我在這一段時期，一切小心翼翼，謹慎從事，僅半年時間，我的額髮已經半白，脫落了很多。

迎接日軍的挑戰

七月七日夜，大約十一時四十分鐘，我接到冀察政務委員會外交委員會主任委員魏宗瀚和專辦對日外交的林耕宇專員的電話，說是據日本特務機關長松井說：今天日軍有一個中隊在蘆溝橋附近演習，但在整隊的時候，駐蘆溝橋的第二十九軍部隊忽然向他們射擊，因而走失了一名士兵，他們見這一個士兵被二十九軍逼迫著進了宛平縣城（即蘆溝橋城）。現在日本軍官要求率隊進城檢查。

我回答道：「蘆溝橋是中國的領土，日本軍隊事前沒有得到我們同意，在該地演習，已經違背了國際公法，妨害我國的主權，他們走失士兵，我們不能負責。他們要進城檢查，當然不成。姑念兩國間的友誼，可等到天亮以後，令駐地的軍警，代為尋覓。如果查到日本的士兵，把他送回去。」

到了夜晚二點，外交委員會又來電話，說日方對我答覆不滿，強要派隊進城檢查，否則就要圍城。我覺得事態嚴重，可能發生變化，便用電話告訴馮治安師長，和駐蘆溝橋的吉星文團長，嚴密戒備，同時，並命令吉團長派官長向豐台方面偵察。到凌晨三時半，吉團長電話報告，日軍大約有步兵一營，附山砲四門及機槍一連，正由豐台向蘆溝橋前進，我們的防務已經布置妥當。我聽了他的報告，知道正式接觸已不可免，便對吉團長說：「保衛領土是軍人的天職，對外戰爭是我們的榮譽。希望你告訴全團的官兵，蘆溝橋和宛平城是我軍的墳墓，一尺一寸的土地不可輕易讓人。」

我和吉團長說完了話，又立即通知馮治安師長。

七月八日拂曉五點，日軍已在宛平城東、東南、東北三面展開包圍形勢，先要求讓他們的外交人員進城，接著又要求讓武官進城，均經吉團長和行政督察專員王冷齋拒絕。此時，日本開始砲轟，於是中日戰事爆發。事前我曾告訴吉團長，在日軍沒有放槍之前，我軍絕對不要開槍。等他們發槍，接近我軍有效距離，我們就用「快放」、「齊放」猛烈射擊。因此，日軍傷亡頗重。

七月八、九兩日，雙方均增援部隊，戰事逐漸擴大。到了十日，日方特務機關長松井派員向我方洽商，認為事出誤會，希望停戰。會商結果為：

一、雙方立即停戰；

二、雙方各回原防；

三、由雙方派員組視察團監視雙方撤兵情形。

日方要求我們由保安部隊接替吉星文團的防務。我們增加了保安部隊，並未將吉團撤走。當時偵察日方，僅將第一線部隊撤到預備隊位置，反責我方未撤回原防。我的答覆是：「所謂原防，即是原駐地點。日本原駐天津的，應該回駐天津；原駐豐台的，應該撤回豐台；我軍原來駐在宛平城內，因應戰移防上城，我由城上撤到城下，即是原防。」

當場日方也無話可說。

詳察日軍的要求停戰，目的在向國內作虛偽宣傳，說日本如何受中國軍隊的迫害殘殺，作為調動大軍侵略的口實。實則是一種緩兵之計。

七月十六日，宋哲元由山東返北平，主持大計。最初，仍擬作地方事件解決，避免事態擴大。但日軍大隊陸續由東北運至天津。此時，接奉中央的電報：「乘機圍攻東交民巷日本大使館，消滅日軍的發號施令臺。」幾經考慮，認為東交民巷日本大使館防禦工事堅固，且已陸續調集官兵防守。武器又較我軍精良，如果圍攻勢必將北平靡爛。因而決定於二十五日大舉進攻豐台。激戰至午後，我軍已將豐台大部地區占領，日方忽由天津開來強大援軍，以致功敗垂成。

二十六日，又與日軍在廊房車站激戰，雙方傷亡頗重。

二十八日拂曉，日軍調集陸空優勢兵力，砲兵二團，飛機三十餘架，向南苑進攻。激戰至下午四時，我軍官兵傷亡慘重，佟麟閣副軍長、趙登禹師長均壯烈殉職。最可痛心的是在南苑受訓的大學畢業生千餘人，亦參加戰鬥，傷亡的也不少。

這一天，宋哲元與我在鐵獅子胡同進德社，騎兵師長鄭大章來報告佟、趙陣亡，及所屬騎兵傷亡一半，另一半退往固安（在南苑南方）的情形，並且說，據他的看法，日本大有圍攻北平的形勢。因此，我們商量了兩個應付的方策：

留下四團人，由我守北平；

留下張自忠在北平，和日本人周旋；宋同我帶馮治安師到永定河南岸佈防。

正在考慮的時候，接到蔣委員長的電令，命宋移駐保定坐鎮指揮。宋便決定將平、津的防務政務，交張自忠負責，而於二十八日晚九點鐘，同我及馮治安師長，由北平西直門，經三家店至長辛店，轉赴保定。從此抗日偉大戰爭，遂全面展開。

宋至保定，奉中央電令任第一集團軍總司令，率隊開赴津浦線北段滄縣馬廠，阻止南下敵軍，並派我同石敬亭將軍赴南京報告。我們到達南京後，石至監察院列席會議，有一部分委員對宋失守平、津深感不滿。空氣頗為緊張。當經蔣委員長說明：宋在平、津支持殘局，任勞任怨，得保全國家領土主權的完整，使中央有兩年時間準備國防，這是宋對國家的偉大貢獻，否則華北在兩年前即已非國家所有。一場風波，始煙消雲散。

在南京的時候，蔣委員長叫我轉告宋努力作戰，因為這一次戰爭不是一城一地的得失所能決定的，也不是短暫時間所能解決的，一定要堅苦支持，歷久不懈，方是制勝的要訣。

張自忠的忍辱犧牲

（本節部分內容與作者在《傳記文學》第一卷第二期所發表之〈我與張自忠〉一文相同。惟並非完全雷同，為存真起見，特照刊如下。）

當蘆溝橋戰爭經過二十餘日，我軍在南苑失利後，宋將軍即遵蔣委員長電令，赴保定坐鎮指揮。當時，宋將軍寫了三個手令：

一、冀察政務委員會委員長由張自忠代理。

二、北平綏靖公署主任由張自忠代理。

三、北平市市長由張自忠代理。

一面電呈央核備。一面立即決定，當晚九時由武衣庫宋宅出發。臨行時，張將軍含淚對我說：「你同宋先生成了民族英雄，我怕成了漢奸了。」

我看他悲痛已達極點，便鄭重的向他勸勉說：「這是戰爭的開端，來日方長，必須蓋棺才能論定，只要你誓死救國，必定有為全國諒解的一天，希望你好自為之。」便黯然握手作別。

七月二十九、三十兩日，張將軍接收冀察政務委員會等三機關，但他的精神沮喪，意志消沉。當時二十九軍大部已離平南調，日方對他已漸漸認識清楚。三十八師參謀長李文田將軍，復於此際督率部隊向天津日本兵營進攻，未能得手。日方對張將軍亦認為是積極抗日份子，已決定進軍北平，另行製造傀儡組織，供他們利用。張在北平已無法施行軍政職權，悲憤之餘，決計祕密離平南下。此時全國輿論對他更是一致痛詆，不遺餘力。張便不動聲色，祕密騎一輛腳踏車，由北平，出朝陽門直駛天津。乘英輪轉赴青島，前往濟南。

此時，我正隨宋將軍駐津浦線的泊頭鎮督戰前方，宋將軍即派我到濟南，偕同張將軍先行到京，恭請蔣委員長訓示，並堅囑萬不可先到前線部隊，致招物議。我到濟南與韓復榘及張將軍分別晤洽，見韓對張採取祕密監視態度，使囑告張萬不可隨便他去。張在此時，已處於極為困窘的境地。

我當即電呈何部長應欽，大意以我奉宋將軍令，偕同張自忠市長赴中央報告請罪，惟各方謠諑紛傳，對張似有不利，可否前往，請電示等語。旋得覆電：「即同張市長來京，弟可一切負責。」我即與張將軍會同赴京。韓派其省府委員張樾負監視任務，共同前往。

到徐州站，突有學生三十餘人要到車上搜查漢奸張自忠，來勢頗為兇猛。我一面安排張將軍暫避，一面請學生派代表四人到車上談話，並到各房間查看，代表等未見張在車上，始下車而去。我們到京後，張住韓的駐京辦事處，我住二十九軍辦事處，靜候委員長召見。

我們到京的第二天，我陪著他到四方城晉謁委員長。張將軍首先起立請罪說：「自忠在北方失地喪師辱國，罪有應得，請委員長嚴予懲辦。」

委員長訓示：「你在北方一切情形，我均明瞭，我是全國軍事委員會委員長，一切統由我負責，你要安心保養身體，避免與外人往來，稍遲再約你詳談。」

到第三天，我接侍從室錢大鈞主任電話云，委員長要再接見張自忠將軍，要我陪同在明早九時到四方城晉見。晉謁時適逢日機轟炸，委員長鎮靜如常，對張慰勉有加，詢問健康情形及所讀書籍，張答以閱讀郭沫若的日記，委員長說：「應閱讀有益身心的書籍，郭的日記不要閱讀。」最後對他說：「等你身體恢復，我決令你重回部隊，讓你再有機會報効國家，並且到前方看看你的長官、同僚及部下。」態度誠懇溫和，儼如家人骨肉的親切。張將軍深受感動。由四方城回寓時，他在車上淚流滿面的對我說：「如果委員長令我回部隊，我一定誓死以報領袖，誓死以報國家。」

二十七年春，隨戰事的進展，中央擬將第二十九軍擴編為七十七軍及五十九軍兩軍，五十九軍軍長一職，何部長應欽一再徵我同意，令我擔任，我認為該軍幹部多係張將軍所訓練的學兵營出身，張將軍對他們也知之甚深。為發揮作戰威力，五十九軍軍長似應由張將軍出任。不久中央任命張將軍為五十九軍軍長，返部隊那天，他對部眾痛哭失聲的說：「今天回軍，除共同殺敵報國外，是和大家一同尋找死的地方。」全體官兵誓死効命，泣不成聲。

此時，正值日寇板垣第五師團長率其全部附以飛機巨砲進窺魯南，圍擊我龐炳勳將軍於臨沂，其鋒甚銳。張將軍奉命馳援，率部一日夜馳進一百八十餘里，舉全力猛攻，鏖戰七晝夜。敵軍傷亡慘重，大潰北竄七十里（退到湯頭、林子一帶），造成抗戰以來空前大勝利。我軍得移師南向，奠定臺兒莊大捷。

徐州會戰後，我大軍西移，張將軍率部於疲敝之餘，掩護大軍突圍，車馬投畀傷患，躬為殿後，而敵人不敢近逼。是年九月，武漢會戰，將軍以孤軍守潢川，敵至迭予痛創，我主力得以從容部署，厥功甚偉。十月張將軍任三十三集團軍總司令，此時國人無不以民族英雄目將軍，而將軍仍時時以未得良機殺敵效死，而引以為憾。

三十八年三月鄂西鍾祥戰役，敵以三個師團進犯隨棗，勢極囂張，張將軍親率兩團健兒渡河截擊，大破敵軍於田家集，斃敵聯隊長二，傷旅團長一，斬獲無算，敵軍狼狽潰退，隨有鄂北之捷。

二十九年夏，敵以重兵再犯襄樊，張將軍以主力堅守襄河，親率輕兵一部渡河截擊，乃於五月七日夜臨出發前，貽書副總司令馮治安將軍：「因為戰區全面戰局關係及本身之責任，均須過河與敵一拚，現已決定於今晚往襄河東岸進發，到河東後，如能與三八D、一七九D取得聯絡，即率該兩部與馬帥不顧一切向北進之敵死拚，設若與一七九D、三八D取不上聯絡，即帶馬之三個團，奔著我們最終之目標『死』往北邁進。無論作好作壞，一定求良心得到安慰。以後公私均得請我弟負責。由現在起，以後或暫別，或永離，不得而知。」

偏師既渡，屢與敵遇，連戰皆捷。北竄之敵，歸路切斷，陣勢動搖。五月十日，敵主力聚於方家集，張將軍率部進擊。激戰連日，殲敵盈野。十六日，敵援軍萬餘人突至，張將軍因陷重圍，自晨至晚，彈如雨下，左右請稍移指揮位置，不許，復往返衝殺十餘次。部眾傷死殆盡，將軍胸部已受敵機關槍傷六處，時距敵僅數百武，跟隨的人拉他走，他瞪著眼叫道：「這是我成仁的日子，只有死，不能退。」既被重創六處，猶振臂高呼殺敵，會創發仆地，於彌留之際，顧部屬曰：「我力戰而死，自問對國家對民族對領袖可告無愧，你們應當努力殺敵，不能辜負我的志向。」說完了，便壯烈殉職。

我對張自忠將軍的深切認識，是在民國十六年春天。那時我們都在開封服務，他擔任西北軍官學校校長，不久即調充二十五師師長；我由第二集團軍十四軍軍長調任該集團軍副總參謀長。我到總司令部後，因業務關係與張自忠將軍常常晤洽。知道他辦學治軍十分嚴格，對於違犯紀律損壞軍譽的官兵，一律依法嚴懲，決不寬貸。因此，他的部下給他一個綽號：「張剝皮」。但遇有部下困難的事情，他都為他們一一解決，所以部屬對他，既懼怕他的威嚴，又感念他的恩厚，我當時即斷定他的隊伍一定能打硬仗。

國民革命軍北伐進抵濟南，受日軍砲轟阻撓，馮玉祥在黨家莊與蔣總司令會晤回開封後，即通電第二集團軍部隊，痛述日閥侵略殘暴罪行，應積極訓練所部誓雪國恥。同時，就近親自監督張自忠的二十五師細針密縷的嚴格整訓部隊（馮常說的「紡細線」），準備對日作戰救國。

張將軍痛感日閥的蠻橫暴行，為貫徹救國主張，便用其全付力量在整頓部隊上苦下工夫。他夙夜匪懈的訓練所部，時常集合部隊，大聲疾呼的宣布日軍侵略罪行，要官兵一致認為日本是我國最大的敵人，必須誓死殺敵救國。又常把軍隊帶到野外作實地演習，改進戰術戰鬥上的細密動作。他這種準備，已非一朝一夕的了。

二十二年日軍由熱河南下，企圖突破長城線窺伺華北。宋哲元將軍督率二十九軍由北平近郊向喜峰口、羅文峪兩地馳援，一口夜急行軍一百八十里。軍抵三屯營（喜峰口南三十里）。適得日軍逼近喜峰口情報，張自忠、馮治安兩將軍所部便跑步急進。三月九日午刻抵喜峰口時，適我友軍萬福麟所屬五十三軍由熱河退出。我張馮兩師，在喜峰口與敵遭遇。血戰三日，敵我已成僵持態勢。我與宋將軍密商，改守勢為攻勢。我即由薊縣總部馳赴喜峰口前線，與張馮兩將軍會商，立即抽調趙登禹、王治邦兩旅，從喜峰口兩側的董家口潘家口攀越險峻山峰，抄襲日軍側背。是役戰績輝煌，予敵軍以嚴重打擊。

二十四年十月，中央發表宋將軍任冀察政務委員會委員長及北平綏靖主任，並發表我任察哈爾省政府主席。我到察不久，以外交重心在平，中央又將我調去北平市，察省主席職務，由張將軍自忠繼任。宋將軍即先將馮治安的三十七師調駐北平一帶。二十五年春，奉中央令張自忠將軍調長天津市，接著將他統率的三十八師調駐天津一帶。此時我與張將軍，一在北平，一在天津，負撙俎折衝的責任，忍辱含垢與敵周旋，在精神上是很痛苦的。

日方迭施狡計分化二十九軍，陰謀宣傳把張將軍造成親日傀儡，於二十六年春，堅邀張將軍赴日參觀，因此張將軍更成了全國眾矢之的。

上面說的是張將軍七七事變前的一段，到了他殉國的那年冬天，我奉召晉謁時，見委員長辦公桌上有張將軍的照片，委員長很黯然的對我說：「若藎忱（張將軍字）尚在，宜昌不會陷落如此之快。」我即報告：「藎忱的壯烈殉國，是受委員長的感召激勵的結果。」即將當年在四方城，委員長對張將軍的優渥溫諭，及張感激涕零，誓言報効的經過，一一報告，委員長為之慨嘆唏噓良久。

當張將軍靈櫬到渝的那一天，蔣委員長即通電全軍，電文情詞懇切，所有將士莫不為之感動。茲錄其電文如下：

張總司令藎忱殉國之噩耗傳來，舉國震悼。今其靈柩於本日運抵重慶，中正於全軍舉哀悲痛之餘，謹述其英偉事蹟，為我全體將士告。追維藎忱與敵作戰，始於二十二年喜峰口之役，迄於今茲豫鄂之役，無役不身先士卒。當喜峰口之役，殲敵步兵兩聯隊、騎兵一大隊，是為藎忱與敵搏戰之始。抗戰以來一戰於淝水，再戰於臨沂，三戰於徐州，四戰於隨棗，而臨沂之役，藎忱率所部疾趨戰地一日夜達百八十里，與敵板垣師團，號稱鐵軍者鏖戰七晝夜，卒殲敵師。是為我抗戰以來克敵制勝之始。今茲隨棗之役，敵悉其全力三路來攻，藎忱在棗陽之方家集，獨當正面，斷其歸路，斃敵無算，我軍大捷。假藎忱不死，則此役收效當不止此。今強敵未夷，大將先隕，摧我心膂，喪我股肱，豈惟中正一人之私痛，亦我三百萬將士同胞之所同聲痛哭者也。抑中正私心尤有所痛惜者，藎忱之勇敢善戰，舉世皆知。其智深勇沉，則猶有世人未及者，自喜峰口戰事之後，蘆溝橋戰事之前，敵人密布平、津之間，乘間抵隙，多方以謀，我其時應敵之難，蓋有千百倍於今日之抗戰者。蓋藎忱前主察政，後長津市，皆以身當撙俎折衝之交，忍痛含垢與敵周旋，眾謗群疑無所搖奪，而未嘗以一語自明，惟中正自知其苦衷與枉曲，乃特加愛護矜全，而猶為全國人士所不諒也。迨抗戰既起，義奮超群，所向無前，然後知其忠義之性，卓越尋常，而其忍辱負重殺敵致果之概，乃大白於世。見危授命烈士之行，古今猶多有之，至於當艱難之會，內斷諸心，苟利國家曾不以當世之是非毀譽亂其慮，此古大臣謀國之用心，非尋常之人所及知，亦非尋常之人所能任也。中正於藎忱信之尤篤，而知之特深，藎忱亦堅貞自矢，不負平生付託之重，方期安危共仗克竟全功，而乃中道摧折，未竟其志，此中正所謂於藎忱之死重為國家前途痛悼而深惜者也雖然國於天地必有與立，而三民主義之精神，即中華民國之所由建立於不敝者也。今藎忱雖殉國，而三民主義之精神實由藎忱而發揮之；中華民國歷史之榮光，實由藎忱而光大之，其功雖未竟，吾輩後死之將士，皆當志其所志，效忠黨國，增其敵愾，翦此寇仇，以完成藎忱未蒖之志，是藎忱雖死猶不死也。願我全體將士其共勉之。蔣中正手啟。中華民國二十九年五月二十八日。

張將軍靈櫬過宜昌時，軍即公布，而民眾不期集於東山寺弔祭者逾數萬人，有的掩面流涕，有的悲傷嗟嘆，還有些老太太夜起手製麵食說：「我替張將軍做北方飯。」其感人之深如此。靈櫬到渝後，在儲奇門設奠，委員長親臨撫慟，政府各首長均綴紗親登靈船致祭，各機關職員及民眾，自動前往弔祭的，終日絡繹不絕。均一致確認張將軍是我們抗戰以來，最偉大的民族英雄。從這些地方看，張將軍的軀殼雖死，精神是永垂不朽的！

十一月十六日遺櫬權厝北碚梅花山麓，從此一代忠骨長埋地下，永為世人所景仰憑弔。這是我們中華民族所以迭經磨難，終能屹立於天地，歷久而愈光明的精神所在。

張夫人李敏慧女士因患病在滬，聞將軍噩耗，拒絕醫藥治療，絕粒七天而死，遺子一廉珍，孫男三均聰慧，惜均陷大陸。

抗戰時期的工作

巡察軍風紀

民國二十七年，宋哲元請假赴南嶽衡山養病，我也到了那裡，後來和內人孫挹清女士，帶著之棠，之棣兩個孩子，到香港住了一個多月。回到南嶽，再同宋轉赴廣西陽朔。民國二十八年，我同宋由陽朔經貴州赴四川。到重慶時，蒙蔣委員長召宴，宋當時血壓高，精神不佳，委員長極關注，囑咐他妥為療養。我和宋赴成都灌縣。

不久，中央派我為軍風紀第五巡察團主任，其任務是巡察陝、甘、晉等地的部隊。委員有朱霽青、錢公來、欒景濤、谷鳳翔、李杰超等。

第五巡察團的辦事處設在西安。我們先從駐在陝西的部隊看起，見一般駐地的環境衛生、服裝、裝備等，大致還不錯。但是進一步深入考察，發現上層對於下層宮兵的生活並不十分注意；士兵所住的房屋太濕；舖草太薄；伙食亦差，下層官兵的向心力弱。我們深切憂慮作戰的時候，不能發揮團結的力量。

我們從陝北渡黃河，到山西西吉縣的克難坡，那是第二戰區閻錫山長官司令部的所在。該地山巒起伏，閻本人也和部隊同樣的都住在窰洞裡，軍官和士兵同甘共苦，所以作戰時有強韌的力量。

我們曾行經陝北共軍防區八十里，共軍正召集新兵訓練，特別注重射擊戰術的基本動作，當時深覺共產黨積極練兵的要訣，又不肯與敵軍作戰，終是心腹之患。

佐理軍法監和兵役行政

民國二十九年春，我奉令調到重慶，任軍法執行總監部副監。總監是何成濬，為人氣度恢宏，誠懇敦厚，執法公平正直，無枉無縱。當時，凡作戰不利，或貪污瀆職的軍官，都交由總監部依法審判，所有將級刑責和士兵的死刑判決案件，均呈最高統帥部最後核定。我們一切均依法判決，但當時因戰況關係，常有畸重畸輕的情形發生。何總監皆依法力爭，有時經過四、五次的簽呈，始獲邀准。蔣委員長之嚴格執行軍律，如槍斃韓復榘事，是法由上行，提高了士氣，實為抗戰勝利的主因。

後來，何和我商量，等到前方打了勝仗再簽請批示，或俟前方情況好轉，再請批示，但求免去若干人的死刑，因此全活者甚眾。

自民國三十年，到民國三十一年，我襄助何總監處理全國軍法業務，合作無間，相處融洽。

何先生來臺後，和我仍過從甚密。民國五十年五月，何先生在臺北病故。

民國三十二年冬，我軍因長期抗戰，兵員消耗甚鉅，必須大量補充新兵，於是成立兵役部。鹿鍾麟任部長，我充政務次長。

兵役部的工作是徵集新兵，補充前方，並努力改善新兵待遇。當時因為新兵來源十分缺乏，及種種歷史關係，新兵待遇未達理想，所以新兵往往逃亡，必須用繩繫著一大串押同行軍，這實在是兵役行政方面一大污點。鹿同我雖極力改善，亦未達理想。

民國三十三年敵軍形勢已成強弩之末，但仍作頑強的最後掙扎。對中原戰場，及湘、桂各地，又發動瘋狂攻勢。在湘、桂方面，攻勢尤其銳利。敵軍直抵貴州獨山，窺伺貴陽。當時重慶頗為震驚，所幸政府貫徹勝利信心，屹立不撓，並自豫、陝調湯恩伯部馳援，戰局賴以穩定。

抗戰勝利與中共倡亂

中共的長成與膨脹

民國三十四年八月十日，日本政府宣布接受波茨坦會議宣言，向中、美、英、俄四國無條件投降。不久，我調任國防部次長。在日本宣布投降的時候，中共野心勃勃，已決定乘機問鼎中原。朱德以延安總部名義發布命令如下：

一、派呂正操、張學詩、萬毅、李運昌及朝鮮義勇隊赴東北，配合俄軍作戰。

二、派聶榮臻等部向綏、察、熱行動，配合外蒙古軍作戰。

三、所有駐晉共軍，統歸賀龍指揮，循同蒲鐵路攻太原。

四、所有華北、華中、華南各交通線上附近共軍，一律破壞政府軍前進的交通。

五、各地共軍均得向敵偽提通牒，限時繳械，否則，即予消滅。

六、占領後實行軍事管制，如有破壞或反抗，即以漢奸論罪。於是共軍在各地大舉蠢動，到處劫收，或截擊國軍，破壞交通網，阻止國軍前進，使全國陷於混亂狀態。

共產黨在民國二十六年抗戰開始時，侷處陝北貧瘠之區，僅有殘部約三萬人，不及國軍百分之一。到了民國三十四年戰爭勝利，正規的部隊已經超過三十萬，地方部隊和民兵為數更多，加起來已超過國軍百分之十。其所以發展得這樣迅速，完全是因為一方面在戰爭期間收繳地方槍枝，一方面乘國軍與敵軍激戰的時候，抄襲國軍側背，以補充實力。共產黨這種不擇手段的作法，實在難於使人寬恕。

民國三十六年到三十七年，共軍實力益加膨脹，便轉而採取攻勢，對我軍用各個擊破的方略。調集數倍於我的優勢部隊，輪番迭次攻擊。同時，我們的友軍往往坐觀成敗，互不救援。如我軍張靈甫、黃百韜等部，即如此遭受失敗。

兩個建議

抗戰勝利之初，我曾先後向當局提出兩個建議：一個是慎選接收人員；一個是收編抗戰地方部隊。

當對日抗戰勝利初傳，民眾歡欣鼓舞，領袖亦特別愉快，曾邀集軍事機關次長以上人員商討接收淪陷地區的意見。

當時，我提出淪陷區的接收人員，必須遴選「公正廉明，潔身自好，富有國家觀念」

的有為之士。因抗戰八年，物資缺乏，生活困苦，以往奉公守法的公務人員，往往變節。此種貪污瀆職的不良風氣，萬不可帶到平、津、滬、漢及其他收復地區。因淪陷區的民眾，受盡敵偽壓迫，今重見漢家威儀，誠大旱之逢甘露。如接收人員行為不檢，恐在接收地方，使政府失掉了人心。蔣主席聽了我的意見，頻頻點首，並將要點寫在手冊上。

到後來接收人員奉公守法的固然不少，但貪贓枉法的似乎更多，使得淪陷區的人民怨聲載道，民心解體。

勝利後政府的決策，對抗戰時期地方人士所組織的武力，究應收編抑是解散，還未決定。一般桀驁者率部投共，馴順者一走了之，最後，部隊還是歸共黨所有。如東北的偽軍和地方抗日部隊，以及魯省的抗日游擊部隊，無不被共匪所收容，致令共匪坐大。

此種游雜部隊投共的情形，極可憂慮。我曾向蔣主席報告過。蔣主席叫我同參謀本部商量。

我軍失敗的因素很多，但從純粹軍事觀點，敵我軍力消長一面來看，聽任游雜部隊投共，不能說沒有重大的影響。

東京行

（本章與作者在《傳記文學》第一卷第三期發表之〈出席遠東軍事法庭作證〉一文內容相同，故略。請參閱本書後面所收的文章。）

暫代國防部務時期

匪情報告

民國三十四年冬，我由兵役部調任軍令部次長。國防部成立，又調任國防部次長。民國三十六年，國防部長白崇禧兼任華中剿匪區軍政長官，我奉命暫代部務。

有一次，在國民政府舉行會議，照例由國防部負責報告軍事。我事先將情報廳所收集有關共產黨發展的情報，加以研究分析，並將東北、華北、華中、華南各地所發生的事件，赤裸裸的報告出來，並建議對策。當時，領袖未加可否。會議完畢，張溥泉（繼）、鄒海濱（魯）和我握手，說：「共匪發展的情形，和他們的陰謀，以及我們的對策，軍事當局既然已有澈底的認識，希望好自為之。」

語氣之間，對我的報告十分滿意。到了晚間，蔣主席把我叫到主席辦公室，很鄭重的對我說：「今天你在國府的報告，說共產黨這樣聲勢浩大，足以影響士氣民心，應特別注意。」

我以為蔣主席說我的報告不真實，連忙說：「我的報告是根據二廳情報來的，沒有絲毫渲染。我認為不能輕視共產黨的發展。」

蔣主席最後說：「你的意思是對的，但說話要看在什麼場合。以後要隨時注意。」

蔣主席顧慮的比我周到。事後我想想，說話，做事，要多加考慮才好，只憑我簡單直覺的想法是不對的。

劉斐通匪

民國三十六年七月，共匪對國軍大規模進攻，在山東臨朐、南麻一帶，由我軍第八軍李彌部駐守，共匪陳毅以三個縱隊猛烈輪番攻擊，當時李軍長聯合張景月（現在臺灣，我主持山東省政府時，張為省政府委員兼行政督察專員）、張天佐（行政督察專員，後在濰縣失守時自戕）等地方部隊，協同作戰。陳匪傷亡慘重，便將他的部隊撤退到黃河北岸。

當時蔣主席在國防部後進的總統官邸召集國防部負責人會報。在席上，先由情報廳報告，確認共匪已撤到黃河北岸。以後由作戰廳報告認為匪軍既已放棄山東，我軍除派少數部隊駐守海口外，其餘大部應即撤出山東。最後由劉斐（作戰次長）強調說明，匪軍確受重創，不能在山東立足，判斷匪一定放棄山東，我們應將大部軍隊轉調其他戰場。大體上即作如此決定。

會餐的時候，我坐在蔣主席的右手，便問我說：「你是山東人，你的意見如何？」我說：「今天這種匪情判斷，軍隊調動處理，似乎該再加考慮。我認為匪軍不肯放棄山東，因為抗戰初期，共匪在魯東、魯南山區及黃河北岸，都建有根據地，業已根深蒂固，這次臨朐失利，調回河北，整補充實以後，又會捲土重來。況且，共匪所調走的是軍隊，他們政治工作人員及土共，仍隱藏各地，暗中活動，如我軍撤走，地方人力物力依然被共匪控制。倘若匪軍重來，山東將非我有。而且山東民性強悍，如果被共匪利用，很值得顧慮。」

我並且又說：「我是山東人，自然希望共匪放棄山東。敵人肅清了，我可以回家。」

我同林蔚、劉斐等餐後離開官邸，步行回國防部，我問劉斐說：「為章（劉斐字）！你確認共匪會放棄山東嗎？」

劉答：「我也認為共匪不會放棄山東。」

我聽了他的話，非常氣憤，便不客氣的指摘他：「你為什麼在領袖面前不說？」

我當時不知道劉斐已經通匪，作有利於匪的安排，真不夠警覺。

和司徒雷登一段談話

民國三十八年三月九日，我到青島停留了約二十天。到三月底，因為國防部急催，又返南京。當時正徐、蚌會戰國軍失利，共匪向浦口推進，南京岌岌可危。四月上旬（大約在四月三日至六日之間）接美國駐華大使司徒雷登先生的請帖，邀我吃飯。同席的約五、六人，軍人少，文人多，都是過去在北平的老朋友。吃飯的時間是中午十二點三十分，我因為有事要與他商談，所以提前三十分鐘到美國大使館。與司徒雷登先生見面後，他表示歡迎。

我說：「今天我們都暫時離開職務的立場，完全以從前在北平時老朋友的關係，談談中國現在的形勢，與美國應決定的政策。」

他請我先發表意見。我說：「我剛由青島回來，我來的時候青島一切都很安定，並且沒有共軍進攻的態勢，但是華北各重要都市除山西太原外，都已淪陷，而青島獨存。司徒先生，你在中國很久，明白中國象棋的下法，如果黃河以北我們的車、馬、砲都沒有了，青島是一個邊卒不會發生什麼作用。但是共匪為什麼不拿青島呢？我願意聽聽你的意見。」

司徒雷登先生說還是要先聽我的意見。我說：「現在中共軍隊所以沒有拿青島，依我的淺見，並非因國軍有劉安祺將軍的兩軍人防守，或者匪的力量不夠，主要的原因，我認為他們以為青島是美國在太平洋西岸的海軍基地。如果攻青島而與美國發生衝突，他們認為是不合算的。因為共匪信仰列寧的主張，當年列寧的遺訓曾說：『國內革命未完成之前，切忌與帝國主義發生衝突。』所以直到現在他們不進攻青島。我不曉得司徒先生的意見如何？」

他認為很正確。我接著說：「這次徐、蚌國軍失利後，共匪大舉南下，高唱渡江，如果美國在此時不發表嚴正的聲明，恐怕共匪軍隊將在一個月內就可渡江南下。過江後，恐怕半年內就可以完全控制中國大陸。大陸控制後，進而侵入東南亞各國。利用中國的人力物力，及東南亞戰略物資。則民主國家陣營與極權國家陣營在亞洲的比重，就會發生變化。毫無疑問的，共區的極權國家占了絕對優勢，對於國際和平有了很大的障礙。因此我希望美國政府要在此時發表嚴正聲明，指出中國長江流域及其以南地區，英、美國決不容共匪及其支持的國家侵占或破壞。同時，希望美國以道義精神及大量物資援國軍，如此中共將有所顧忌。我們政府以江南富饒地區，與中共畫江對峙，最後勝利必屬於我。否則我政府將離開大陸，而西太平洋從此多事！希望司徒先生建議美國政府趕快作果斷而強硬的決策，以挽回此一危局。」

司徒雷登先生聽了後，稍微考慮一會兒說：「你的意見我是絕對的贊成。但美國制度，政府是聽國會的，國會是以民眾的意志為意志。現在美國國會相當複雜，同情國民黨政府的人雖不少，然反對國民黨政府的也大有人在。我現在即使馬上建議，恐不會收什麼效果。」

我接著問他：「這樣說來，就算看中國政府垮臺了！中國政府垮臺不要緊，從此東南亞多事，將永不得安寧了。究竟如何，願聽司徒先生的高見。」

他又考慮一會兒，說道：「依我的意見，你們國軍應該先守住長江沿岸各重要據點，如南京、上海、鎮江、蕪湖等地。」他停了一下，接著又說：「如果經過二三個月共匪攻打不下，並且使他們損失嚴重，讓他們不能渡過長江，到那時候我再向美國政府建議，一定有良好結果。」

從這次談話，我深深的感到，天下事必求其在我，事急求人，毫無把握。

那時，司徒雷登左右，已被共產黨滲透，他的祕書傅涇波就是一個。

濟南失守與青島之行

濟南失守

民國三十七年九月，濟南失陷，省府主席王耀武率隨員一人化裝逃出，準備前往青島，中途被共匪俘獲。當時山東地方除青島市與即墨之外，已全部淪陷。中央以體制所關，一再徵求我同意，要我負山東行政的責任。我兩次向蔣總統力辭；表示：「現在是軍事時期，不要以行政機關增加軍事長官的負擔。劉安祺（現在臺灣）既在青島主持軍事，即請派劉為主席，俟從東向西進展到濰縣時，再把軍政分開。中央如果注意魯南，李延年（現住臺北新店）現在為副長官，亦可令他做主席，等到進展到兗州，再將軍政分開。」

蔣總統未加可否。

過了幾天，蔣總統又找我去問話：「山東還有多少服方？」

我說：「除青島以外，只有毗鄰青島的即墨半縣。可是在戰國時，田單守即墨，終於大破燕軍，恢復齊國七十餘城，有光榮的歷史價值。不過，現在時代不同，要以即墨半縣去收復全省，恐怕不容易！」

蔣總統說：「你是軍人，要聽命令。」

三十七年十月，發表我為山東省政府主席，不久又命我兼青島市長。

青島之行

三十八年三月上旬，我到了青島。青島已成華北各省及山東各縣難民麕集的地方。共匪在山東清算鬥爭，保甲長以上的公務員，及國民黨員都被殘殺。難民生活極苦，逃到青島食住均成問題，燃料缺乏，博山煤源斷絕，難民無柴，隨便伐樹，甚至砍伐果樹。我到青島以後，將青島棉紗運到臺灣換煤。但是杯水車薪，緩不濟急。幸而劉安祺司令官的部隊紀律嚴明，能負治安之責。

當時青島美國駐軍司令白吉爾與我軍政方面頗能聯繫，彼此很合作。

我於三月底由青島回南京，因國防部次長職務尚由我擔任，事務急待處理，當將青島市長職務電請中央命祕書長孫繼丁代理。山東省政府主席職務由楊展雲祕書長代行。到六月二日，省、市政府均隨軍撤離青島來臺。

到了臺灣

廣州、重慶、成都、臺北

民國三十八年四月二十三日晨八時，南京撤守，我乘國防部飛機先赴上海，再飛廣州。

同年十月三日，由廣州飛重慶，再轉成都。

同年十二月八日夜，我同行政院祕書長賈景德等乘機離成都。十九日上午抵臺。

退役與參加國民大會

民國三十九年三月一日，總統蔣公復職，國防部改組，我調總統府戰略顧問委員會顧問。

民國四十一年假退役，民國四十八年正式退役。

民國三十七年，我在南京參加國民大會第一次會議。到臺後，在四十三年，參加第二次會議；四十九年，參加第三次會議。

我於民國十七年加入中國國民黨。從民國二十四年十一月第五次全國代表大會，至三十四年五月第六次全國代表大會，均被選為中央監察委員。中央在臺整理黨務，迄成立中央改造委員會。但我仍參加基層的小組會議。

七七蘆溝橋事變經過

七七事變前日本侵略的陰謀

日本軍閥於民國二十六年七月七日夜，藉口日軍在蘆溝橋附近演習之一中隊，在整隊回防時，突被駐蘆溝橋二十九軍部隊射擊，因而走失士兵一名，指被二十九軍官兵劫持進入蘆溝橋城，要求率隊入城檢查。經我方峻拒後，至翌日拂曉前日方調集其豐臺駐軍，向我蘆溝橋城進犯；我方為維護領土完整及主權獨立遂奮起應戰，掀起中日全面戰爭之序幕。

此一持續八年之久的戰爭，表面上雖導源於一偶發事件，實質上，日人早已處心積慮，進行侵略陰謀。溯自日本明治維新後，接受西方科學文明，革新內政，發展工業，軍事裝備趨於現代化，國勢蒸蒸日上。嗣經日俄、中日兩次戰爭勝利，日本武人，驕縱跋扈，不可一世，遂積極向外擴張。其侵略目標，一為北進佔據滿蒙，以阻遏蘇俄之東進與南下；一為南進征服中國以驅除歐美勢力於中國及亞洲之外，完成亞洲為亞洲人之亞洲，實際上即為日本人之亞洲，藉以稱覇世界。但無論日本之北進或南進，均以進佔滿蒙及中國大陸為第一步驟。

民國二十年九一八，是日本侵略我國的行動開始，侵佔我東北遼、吉、黑三省。二十一年進據熱河省，二十二年春又揮兵南下，進窺我長城沿線之古北口、喜峰口、冷口各要隘。在以上各地激戰近三個月，經談判於是年五月三十日中日雙方簽訂所謂塘沽協定。此時我平津及華北察、綏、晉、冀、魯各省已陷於岌岌可危之勢。

蔣委員長授命忍辱負重

二十四年秋夏之交，作者奉蔣委員長自廬山來電囑令前往，遵即遄赴廬山，報告華北態勢，並請示機宜。當時奉蔣委員長指示：「日本是實行侵略的國家，其侵略目標，現在華北，但我國統一未久，國防準備尚未完成，未便即時與日本全面作戰，因此擬將維持華北責任，交由宋明軒軍長負責。務須忍辱負重，委曲求全，以便中央迅速完成國防。將來宋軍長在北方維持的時間越久，即對國家之貢獻愈大。祇要在不妨礙國家主權領土完整大原則下，妥密應付，中央定予支持。此事僅可密告宋軍長，勿向任何人道及為要。」旋即返報宋將軍，縝密進行，之後與日方表面上之酬酢往還，較前增多。此時國內外人士不明真象，本愛國愛友之心情，函電紛馳，責難頗多，既不能向其說明真相，只有苦心孤詣，忍辱求全，以待事實之證明。主持其事者的精神痛苦確達極點。

經過一年餘之艱苦折衝，我中央正在完成統一，充實國防，一本和平未到絕望時期，決不輕言放棄和平之旨，儘量虛與委蛇。因將北平軍事委員分會撤銷，何應欽將軍調回南京，並將中央之黃杰、關麟徵兩師調離平津，另調駐察哈爾境，宋哲元將軍移防平津，並任命宋將軍為冀察政務委員會委員長，兼北平綏靖主任。日方又肆其挑撥離間之手段，極盡威脅利誘之能事，以分化我中央與地方之團結，希望不費一兵一卒造成華北特殊化之地位，使在形式上雖隸屬中央，而實際則完全受日方之操縱指使。迭經交涉，其和平侵佔之狡計迄未得逞。其不得不以武力侵佔之企圖，已箭在弦上，待機發動。

七七前夕華北之軍政態勢

在七七事變前約兩年的時間內，宋哲元將軍以第二十九軍軍長兼冀察政務委員會委員長及北平綏靖主任，所有冀察兩省平津兩市之政務及駐軍統歸宋將軍節制指揮。當時因軍政關係密切，所以行政長官多由軍事首長兼任，如河北省政府主席由馮師長治安兼任；察哈爾省政府主席由劉汝明師長兼任；天津市長曾一度由蕭振瀛擔任，後由張自忠師長兼任；北平市長由作者兼任，時作者為二十九軍副軍長。事變前由於日閥之蠻橫壓迫，無理干預，我政府以正在積極準備國防，不願過早惹起大戰，因將中央部隊黃杰、關麟徵兩師由華北南調，防務完全交由二十九軍負責，以二十九軍一個軍之力量分布於二省二市，又處於國防最前線，兵力頗感單薄。當時該軍共有四個師，其分布情形：一、馮治安的第三十七師分布在北平、南苑、西苑、豐臺、保定一帶。二、張自忠的第三十八師分布在天津、大沽、滄縣、廊房一帶。三、劉汝明的第　四三師分布在張家口、張北縣、懷來縣、涿鹿縣及蔚縣一帶。四、趙登禹的第一三二師分布在河北省南部大名、河間一帶。

事變前之折衝及豐台中日衝突事件

豐臺密邇北平，為交通樞紐，駐有我馮師混成部隊一營。日軍亦基於辛丑條約之規定，在該處駐一大隊。曾於二十五年秋冬之交某日，我軍因出發演習，適日軍演習完畢回營，兩軍在馬路上相遇，彼此不肯讓路，致起衝突，相持竟日，雙方均有傷亡。迭經交涉，終以誤會了事。此後日軍益趨驕橫，屢向宋哲元將軍提出華北特殊化之無理要求，同時依附日閥之漢奸潘毓桂、陳覺生等復為虎作倀，從中慫恿極盡威脅之能事，均經宋將軍嚴詞拒絕。但宋將軍係一純樸厚重熱誠愛國之將領，迭經繁瀆精神苦悶已達極點。曾於二十六年二月上旬一日告我曰：「日本種種無理要求，皆關係我國主權領土之完整，當然不能接受。而日方復無理取鬧，滋擾不休，確實使我痛苦萬分。日方係以我為交涉對象，如我暫離平津，由你負責與之周旋，尚有伸縮餘地，我且相信你有適當應付辦法。因此我想請假數月，暫回山東樂陵原籍，為先父修墓，你意見如何？」我當即表示不同意，並說：「此事絕非個人的榮辱苦樂問題，實國家安危存亡所繫，中央把責任交給你，不論你是否在平，責任總在你身上，因此我決不贊成你離開北平。」當時宋將軍並未堅持，因把回山東的打算暫時擱置。但到了二月二十日以後，日方交涉益繁，壓迫愈甚，宋將軍以心情惡劣，決定請假回籍，把交涉責任落在我身上，宋將軍臨行告我兩事：「一、對日交涉，凡有妨害國家主權領土之完整者一概不予接受。二、為避免雙方衝突，但亦不要謝絕。」我就在這不接受與不謝絕兩種相反的原則下，忍辱負重委曲求全的應付了四個多月。

自宋將軍二月底離平之後，每日均有日方人員前來接洽，平均每天最少一次，或二次。如日本之外交官、武官、特務機關人員，是談外交的，新聞記者、貴族院議員、及退役大將等，是來採訪消息或考查華北形勢的，我雖感覺不勝其擾，但抱定任勞任怨之決心，據理應付，使日方無藉口餘地。同時日方更利用離間分化手段，將二十九軍分為抗日的中央派，及和日的地方派。認為我是抗日中央派的中堅份子，千方百計的攻訐詆毀、恐嚇威脅必欲去之而後快。而日方收買之漢奸且專伺察我的言論行動及我方軍事部署作為處置依據。當此內奸外敵交相煎迫之下，我只有戒慎沉著，以靜制動，深恐一言不慎，一事失當，俾日人有所藉口，致陷交涉之困難。當即電陳中央請示機宜，旋奉復示大意要在不喪權不辱國大原則下，妥慎交涉，中央定予以負責支持，當即遵照此原則相與周旋。到五六月間已達極度緊張階段，日方使用武力侵略之企圖，已成彎弓待發之勢。

當事變當日下午，我在市政府邀宴北平文化界負責人胡適之、梅貽琦、張懷九、傅孟真等諸先生約二十餘人。經報告局勢緊張情形，交換應付意見，諸先生亦均開誠佈公懇切指示。夜十時許散會後，不到兩小時，象徵我全民抗戰的「七七事變」於十一時四十分即在蘆溝橋開始爆發。

七七事變的經過與我方的應付

七七之夜，約在十一時四十分鐘，我接冀察政務委員會外交委員會主任委員魏宗瀚及負責對日交涉的林耕宇專員電話，謂據日本特務機關長松井說：「本日有日軍一中隊在蘆溝橋附近演習。但在整隊時，忽有駐蘆溝橋之第二十九軍部隊向其射擊，因而走失一名，並見該士兵被迫進入宛平縣城（即蘆溝橋城）。日本軍官要求率隊進城檢查。」我答：「蘆溝橋是中國領土，日本軍隊事前未得我方同意在該地演習，已違背國際公法，妨害我國主權，走失士兵我方不能負責，日方更不得進城檢查，致起誤會，惟姑念兩國友誼，可等天亮後，令該地軍警代為尋覓，如查有日本士兵，即行送還。」

答覆後夜晚二點，外交委員會又來電話，謂日方對我答覆不滿，強要派隊進城檢查，否則日軍郎包圍該城。我即將此經過，以電話告知馮治安師長，及駐蘆溝橋之吉星文團長，要嚴密戒備，準備應戰。同時並令吉團長，派官長偵探豐臺方面敵人動態。到凌晨三時半，接吉團長電話報告：「約有日軍步兵一營，附山砲四門及機關槍一連，正由豐臺向蘆溝橋前進。我方已將城防布置妥當。」我當即對吉指示：「保衛領土是軍人天職，對外戰爭是我軍人的榮譽，務即曉諭全團官兵，犧牲奮鬥，堅守陣地，即以宛平城與蘆溝橋為吾軍墳墓，一尺一寸國土，不可輕易讓人。」並以此處置通知馮師長。

八日拂曉約五點，日軍已在宛平城之東面、東南面及東北面展開包圍態勢，先要求他的外交人員進城，繼又要求武官進城，均經我吉團長與王冷齋專員（行政督察專員）拒絕。日方武力威脅之伎倆已窮，即開始向城內砲轟，並掩護其步兵前進。事前我曾告知吉團長，日軍未射擊前，我方不先射擊，待他們射擊而接近我最有效射擊距離內（三百至四百公尺），我們以「快放」、「齊放」猛烈射擊，因此日軍傷亡頗重。

戰爭的持續與擴大

在八日對戰時，蘆溝橋鐵橋上原駐我步兵一連防守，雙方爭奪鐵橋，備極慘烈。曾被日軍將鐵橋南端佔領，我軍仍固守鐵橋北端。彼此對峙至九日拂曉前，我方由長辛店調遣部隊，協同我橋北端部隊向鐵橋南端日軍予以夾擊。是夜，細雨紛敵人正疎戒備，我官兵精神抖擻，輕裝持步槍、手榴彈、大刀，出敵不意，祕密接近橋南端，將該敵悉數殲滅。當其被大刀隊砍殺時，他們有的卑躬屈節，跪地求饒，所謂皇軍威嚴，已掃地無餘。

經過八、九兩日的戰事，雙方均增援部隊，戰事逐漸擴大。到十日上午，日本特務機關長松井大佐派員向我洽商，認為事出誤會，希望停戰會商。結果為：一、雙方立即停戰，二、雙方各回原防，三、雙方組織視察團監視雙方撤兵情形。日方並要求我以保安部隊接替吉團防務。於是我們又增加保安隊一團至蘆溝橋城內，當時視察日方撤兵情形，僅將其第一線部隊撤至預備隊之位置，反責我方未撤回原防。我的答覆：「所謂原防即戰前原駐地點，日軍原駐天津者，應回天津；原駐豐臺者，應回豐臺。我軍原駐宛平城內，因應戰移防城上，我軍由城上撤至城下，即為原防。」當場日方亦無話可說。詳察日方之要求停戰，其目的在向其國內作虛偽宣傳，說日本如何受中國軍隊之迫害殘殺，作為調動大軍侵略之口實，實為緩兵之計。

七月十六日，宋將軍由魯返平，主持大計。最初仍擬作地方事件解決，避免事態擴大。但日軍大部隊已陸續由東北調至天津，勢極囂張，和平解決已不可能。此時，奉中央電令：「應乘機圍攻東交民巷日大使館，以消滅其發號施令臺。」幾經考慮，認為東交民巷各國使館林立，大舉進攻，勢將玉石俱焚。且東交民巷防禦工事堅固，日軍武器已較精良，戰事曠日持久，恐將陷北平於紊亂，因之決定進攻豐臺。

二十五日拂曉，我派步兵一旅，附砲兵一營，向豐臺進攻。上午，戰事極為順利。至午刻，我已佔領豐臺大部，頑敵僅據守豐臺東南端一隅，誓死抵抗。午後四時，日方忽由天津調來大部援軍，參加反攻，以致功敗垂成。

二十六日，又與日軍在廊房車站激戰，雙方傷亡均重。

二十八日拂曉，日軍調集陸空優勢兵力，約計步兵三聯隊、砲兵一聯隊、飛機三十餘架，向南苑進攻。激戰至下午四時，我軍傷亡慘重，佟副軍長麟閣、趙師長登禹均壯烈殉職；尤堪痛心的是在南苑受訓的大學畢業學生，亦參加戰鬥，傷亡不少。

移防保定展開全面作戰

是日下午宋將軍、張自忠師長及作者等，在鐵獅子胡同進德社商討南苑戰事。忽鄭大章師長（騎兵師）服裝不整倉皇來報：「佟副軍長、趙師長陣亡，我官兵傷亡特重，他所屬騎兵傷亡一半，另一半退往固安，日軍大有圍攻北平之勢。」我見鄭師長態度驚惶，禮貌欠周，我說：「彩庭兄（鄭號彩庭），我們軍人無論遇到任何艱苦情形，態度要穩重，禮貌要周到。」鄭亦欣然接受。宋將軍即同我們商量爾後的行動方針，決定了兩個方案：一、留四個團防守北平，由作者負責指揮。二、留張自忠師長率所部在平津與日人周旋，宋將軍、馮師長同作者到永定河南岸佈防。正在研究採取何一方案尚未決定時，適奉蔣委員長電令，命宋將軍移駐保定，坐鎮指揮。宋將軍遂決定將平津防務、政務交張自忠負責，而於二十八日晚九點，率同馮師長及德純等由北平西直門經三家店至長辛店，轉赴保定。到長辛店時，圍攻蘆溝橋之敵砲兵，集中向長辛店車站射擊。我們到洋旗外面登火車赴保定。從此偉大的抗日戰爭，遂全面展開。

宋將軍至保定後，奉中央電令任第一集團軍總司令，著將所部開赴津浦鐵路北段滄縣、青縣一帶，阻敵南下。此時平漢鐵路北段保定及其以北地區涿州、良鄉一帶，已由孫連仲將軍所部防守。宋將軍即派作者同石敬亭將軍赴南京報告經過。抵京後，石至監察院列席會議，有一部分委員對宋將軍失守名城，深致不滿，應予從重懲處，空氣頗為緊張。當經蔣委員長說明：宋將軍在平津支持危局，任勞任怨，得保全國領土主權之完整，使中央有二年時間準備國防，這是宋將軍對國家的貢獻；否則，華北在二年前已非我政府所有，一場風波始煙消雲散。蔣公又令作者轉達宋將軍，應特別努力作戰，因此次戰役，並非一城一地之得失，勝負亦非短暫時間所能決定，務望堅苦支撐，歷久不懈，方是制勝要訣。宋將軍感激領袖之偉大寬厚，溫諭優渥，益激勵所部奮勇殺敵，効忠領袖，以報國家。

日本豈能脫卸侵略罪責

自二十四年秋迄七七事變期間，日方在華北既不能以和平手段達成特殊化之目的，乃迭以武力尋釁，迫使就範，最著者為二十五年秋豐臺事件，雙方軍隊衝突對戰竟日，彼此均有傷亡，結果以誤會了事，亦未能完成其要求。至二十五年西安雙十二事變突發，日方在平之松井特務機關長，以幸災樂禍之心情，告作者曰：「中國由蔣委員長領導已漸成統一，我日方站在睦隣立場，同感欣慰。惟陝西張學良、楊虎城勾結共黨劫持蔣委員長，使之失去自由，日方深為惋惜。此後中國失卻領導，勢必陷於紊亂，且共黨亦將乘機坐大，日方為反共大計，實不能坐視」云云。其狡然思逞之野心，已昭然若揭。迨同月二十五日張學良陪侍蔣委員長返京，我國軍民歡聲雷動，鞭炮慶祝澈日夜不絕，已確證全國人心擁戴之誠。日方震駭嫉忌，認為中國在蔣委員長領導之下，迅即完成國防準備，實日本侵華之最大障礙。因此，武力佔領，必須提前實施。於是七七戰役遂即爆發。

對於事變原因，日方為脫卸其侵略罪行，輒以共黨挑撥煽惑相推諉，事實上我中央政策一向是反共、剿共。而華北當局，為貫徹中央決策，亦以「共同防共」與日本相約定。當時冀、察、平、津一帶尚無共匪之一兵一卒，其潛伏各學校之少數祕密工作人員，亦無活動餘地，僅有共匪外圍之民族解放先鋒隊，利用愛國青年作抗日號召。我政府既決策抵抗侵略，並召集大專學生三千餘人分在南苑、西苑，接受軍事訓練，作殺敵救國之準備。斯時共匪已無法施展其離間鼓動伎倆，證明當時在平津之大中學校青年百分之九十八以上，均係純潔之愛國份子。觀於每次學生遊行，經當局向其懇切宣示我府政之堅決決策，囑安其心向學，練習殺敵技能以作共赴國難之準備。全體遊行學生無不歡欣鼓舞，擁護政府之救國主張，一致整隊返校，是則日方希圖脫卸侵略罪責之藉口，並無事實之依據。

（原載《傳記文學》第一卷第一期）

我與張自忠

張自忠將軍，字藎忱，山東臨清人。生於民國紀元前二十一年（一八九〇年），卒於民國二十九年（一九四〇年）。

我對張自忠將軍的深切認識，是在民國十六年春天。那時我們都在開封服務，他擔任西北軍官學校校長，不久即調充二十五師師長；我由二集團軍十四軍軍長調任該集團軍副總參謀長，總參謀長是曹浩森先生，他品端學粹，耿介廉潔。我與他同住一個房間，房內布置簡單，僅有一個辦公棹兩把木椅及兩個行軍床，曹先生的行軍床，頗為脆弱，人坐床上，常吱吱作響，他曾寫了幾句話貼在床側牆上：「此床甚弱，諸君注意，床壞事小，恐傷尊腿。」因此來訪的客人均立談完畢，即行辭去。確有利於我們的辦公業務。北伐成功後調中央服務，歷任陸軍署長及軍政部次長。三十三年任江西省政府主席。三十五年當選為監察院監察委員，來臺後於四十一年以癌病逝世。當火葬時老友如石筱山（敬亭）熊哲明（斌）黃少谷及作者等無不滿面流涕痛哭失聲。我對這位死別十年的患難朋友時刻縈懷。因藉此機會，向讀者附帶介紹。我到總司令部後，因業務關係與張自忠將軍常常晤洽，知道他辦學治軍十分嚴格。對於違犯紀律損壞軍譽的官兵，一律依法嚴懲決不寬貸，因此他的部下給他一個綽號叫：「張剝皮」。但遇有部下困難的事情，他都為他們一一解決，所以部屬對他既懼怕他的威嚴，又感念他的恩厚，我當時即斷定他的隊伍一定能打硬仗。

革命軍北伐，沿津浦鐵路方面自徐州北進，節節勝利。下兗州、過泰安直搗濟南。張宗昌、孫傳芳等率其殘部倉皇北竄，我先頭部隊李延年部已進入濟南城。不意日本軍閥突由膠濟路調集陸空主力向濟南砲擊轟炸，且殘殺我交涉使蔡公時先生（五三慘案），阻撓我革命軍北上以掩護張孫殘部的撤退。我革命軍遭此頓挫憤慨萬分。蔣總司令電邀第二集團軍總司令馮玉祥到前方視察，蔣公與馮氏會晤於黨家莊（距濟南約三十餘里）。隨蔣公前往者有楊杰等；我隨同馮總司令前往，經會商決定：「不變更北伐計畫，仍繼續北進，對濟南留少數部隊監視，我大軍由齊河渡黃河繼續追擊前進。」日閥的阻撓奸計終未得逞。

馮總司令自黨家莊回開封後，即通電二集團軍部隊，痛述日閥侵略殘暴罪行，應積極訓練所部誓雪國恥。同時就近親督張自忠的二十五師細針密縷的，嚴格整飭部隊（馮常說的紡細線）準備對日作戰救國。

張將軍痛感日閥的蠻橫暴行，為貫徹救國主張，遂用其全付力量在整頓部隊上苦下工夫。他夙夜匪懈的訓練所部，時常集合部隊，大聲疾呼的宣布日軍侵略罪行，要官兵一致認為日本是我國最大的敵人，必須誓死殺敵救國。又常把軍隊帶到野外作實地演習，改進戰術戰鬥上的細密動作，他這種準備，已非一朝一夕的工夫了。

二十年九一八日軍侵佔我遼吉黑三省。二十一年侵佔我熱河。二十二年復由熱河南下，企圖突破長城線窺伺我華北。宋哲元將軍所部奉命編為第三軍團，宋任總指揮，我任副總指揮，督率二十九軍由北平近郊向喜峰口、羅文峪兩地馳援。一日夜急行軍一百八十里，軍抵三屯營（喜峰口以南三十里）。適得日軍逼近喜峰口情報，張自忠、馬治安兩將軍所部遂跑步急進。三月九日午刻抵喜峰口時，適我友軍萬福麟所屬五十三軍由熱河退出。日軍尾追跟進，我張馮兩師，即在喜峰口與敵遭遇。展開爭奪戰，各高地山峰，我軍得而復失，失而復得者數次，戰況至為慘烈。血戰三日，敵我已成僵持態勢。我與宋將軍密商，改守勢為攻勢，變被動為主動之擊敵計畫。我即由薊縣總部馳赴喜峰口前線，與張馮兩將軍會商，張馮均極端贊成，張將軍更主張即日實施，立即決定抽調有力部隊由戰線兩翼夜襲敵人側背。遂於當夜（十一日）派趙登禹、王治邦兩旅從喜峰口兩側之董家口潘家口攀越險峻山峰，抄襲日軍側背。是役計殲日軍步兵兩聯隊，騎兵一大隊，並破壞其野砲十八門。從此日寇攻勢頓挫，始終未能越過長城線各隘口，平津賴以安定。我最高統帥蔣公迭電嘉慰，並頒發立功將領以青天白日勳章。全國各界團體及各地僑胞，紛紛馳赴前線慰勞的絡繹於途。此為自九一八日寇侵佔我四省以來，所遭遇的第一次嚴重打擊。事後得承德方面情報，敵在承德舉行追悼陣亡將士大會席上聲稱，認為是日軍侵華以來，所未遭遇的失敗與恥辱。

二十四年七月底，我由廬山奉蔣委員長傳諭宋將軍，以忍辱負重，維持華北危局，返報宋將軍，即遵此原則，妥為運用。同年十月中央發表宋將軍任冀察政務委員會委員長及北平綏靖主任，並發表我任察哈爾省政府主席。我到察不久，以外交重心在平，中央又將我調去北平市，察省主席職務，由張將軍自忠繼任。宋將軍即先將馮治安的三十七師調駐北平一帶。

二十五年春，奉中央令張自忠將軍調長天津市，繼將所屬三十八師調駐天津一帶。此時我與張將軍，一在北平，一在天津，負擔俎折衝的責任，忍辱含垢與敵周旋，在精神上是很痛苦的。

日方迭施狡計分化二十九軍，陰謀宣傳把張將軍造成親日傀儡，於二十六年春，堅邀張將軍赴日參觀，因此張將軍更成了全國眾矢之的。

冀察政務委員會成立之後，我全國愛國憂時人士，以及愛護我們的友好，紛紛函電交馳以大義相責，報章亦詆毀備至。我當時憂心如焚，深恐萬一失足，百死莫贖。某日攜帶友好責勉我的函電十餘通，晤宋將軍痛陳利害，不覺失聲痛哭。宋將軍態度鎮靜，鄭重相告曰：「我們奉中央訓示，委曲求全來支持此危局，此中內幕，不便向國人公開，當然難為人人所諒解，現在報上用五號小字罵宋哲元、秦德純是漢奸；我絕對負責保證，將來一定有一天報上用頭號大字，登載宋、秦是民族英雄，請你放心好了！」我經過這次宋將軍開誠相告，也就安心與日人週旋。

當蘆溝橋戰爭經過二十餘日，七月二十八日我軍在南苑失利後，宋將軍即遵蔣委員長電令，赴保定坐鎮指揮。當時宋將軍寫了三個手令：一、冀察政務委員會委員長由張自忠代理，二、北平綏靖主任由張自忠代理，三、北平市市長由張自忠代理。一面電呈中央核備。立即決定當晚九時由武衣庫宋宅出發。臨行張將軍含淚告我曰：「你同宋先生成了民族英雄，我怕成了漢奸了。」其悲痛情形已達極點。我卻鄭重向其勸勉說：「這是戰爭的開端，來日方長，必須蓋棺才能論定，只要你誓死救國，必有全國諒解的一日，請你好自為之。」遂黯然握手作別。

七月二十九、三十兩日，張將軍接收冀察政務委員會等三機關，他的精神沮喪，意志消沉。當時二十九軍大部已離平南調，日方對他已失去利用價值。時三十八師參謀長李文田將軍，復於此際督率部隊向天津日本兵營進攻，未能得手。日方對張將軍亦認為是積極抗日份子。正擬進軍北平，另製造真正傀儡組織，供其利用。張在北平已無法施行軍政職權，悲憤之餘，決計祕密離平南下。而同時全國輿論對他更是一致痛詆，不遺餘力。張遂不動聲色，祕密騎一腳踏車，由北平出朝陽門直駛天津。乘英輪轉赴青島，前往濟南。此時我正隨宋將軍駐津浦線的泊頭鎮督戰前方，宋將軍即派我到濟，囑偕同張將軍先到京，恭請蔣委員長訓示，並堅囑萬不可先到前線部隊，致招物議。我到濟與韓復榘及張將軍分別晤洽，見韓對張，採取祕密監視態度，並囑告張萬不可隨便他去，更不可赴前線軍隊，致生不利後果。張於此時已處於進退維谷的境地。我當即電呈何部長應欽，大意以我奉宋將軍令偕同張自忠市長赴中央報告請罪，惟各方謠諑紛傳，對張似有不利，可否前往，請電示等語。旋得覆電「囑即同張市長來京，弟可一切負責」云云。我即將此情形面告張將軍會同赴京，韓派其省府委員張樾負監視任務共同前往。車到徐州站突有學生三十餘人要到車上搜查漢奸張自忠，來勢頗為兇猛。我一面安排張將軍暫避，一面請學生派代表四人到車上談話，並到各房間查看，代表等未見張在車上，始下車而去。我們到京後，張住韓的駐京辦事處，我住二十九軍辦事處，靜候委員長召見。

張將軍同我到京，次日由我陪同到四方城晉謁委員長，張將軍首先起立請罪說：「自忠在北方失地喪師辱國，罪有應得，請委員長嚴予懲辦。」委員長訓示：「你在北方一切情形，我均明瞭，我是全國軍事委員會委員長，一切統由我負責，你要安心保養身體，避免與外人往來，稍遲再約你詳談。」到第三天，我接侍從室錢大鈞主任電話云，委員長擬再接見張自忠將軍，請你陪同於明早九時到四方城晉見。晉謁時適逢日機轟炸，委員長鎮靜如常，對張慰勉有加，詢問健康情形及所讀書籍，張答以閱讀郭沫若的日記，委員長告以應閱讀有益心身的書籍，郭的日記不要閱讀。最後告以一俟你身體恢復，我決令你重回部隊，俾得再有機會報效國家，並可到前方看看你的長官同僚及部下。態度誠懇溫和，儼如家人骨肉的親切。張將軍深受感動。由四方城回寓時，在車上淚流滿面對我說：「如果委員長令我回部隊，我一定誓死以報領袖，誓死以報國家。」足證蔣公認人的真切，感人的深刻。到了二十九年冬我奉召晉謁時，見委員長辦公桌上有張將軍的生前照片，委員長很黯然的對我說：「若藎忱（張將軍字）尚在，宜昌不會陷落如此之快。」我即報告：「藎忱的壯烈殉國，是受委員長的感召激勵的結果。」即將當年在四方城，委員長對張將軍的優渥溫諭，及張感激涕零，誓言報効的經過，一一報告，委員長為之慨嘆唏噓良久。

二十七年春，隨戰事的進展，中央擬將二十九軍擴編為七十七軍及五十九軍兩軍，五十九軍軍長一職，何部長應欽一再徵我同意，令我擔任，我認為該軍幹部多係張將軍訓練的學兵營出身，張將軍對他們也知之甚深。為發揮作戰威力，五十九軍軍長，似應由張將軍出任為妥。不久中央任命張將軍為五十九軍軍長，返部之日，張將軍對部眾痛哭失聲地說：「今日回軍，除共同殺敵報國外，乃與人家共尋死所。」全體官兵泣不成聲，誓死効命。此時正值日寇板垣第五師團長率其全部附以飛機巨砲進窺魯南，圍擊我龐炳勳將軍於臨沂，其鋒甚銳。張將軍奉命馳援，率部一日夜馳進一百八十餘里，舉全力猛攻，鏖戰七晝夜。敵軍傷亡慘重，大潰北竄七十里，造成抗戰以來空前大勝利。我軍得移師南向，奠定臺兒莊大捷。

徐州會戰後，我大軍西移，張將軍率部於疲敝之餘，掩護大軍突圍，車馬悉畀傷患，躬為殿後，而敵人不敢近逼。是年九月武漢會戰，將軍以孤軍守潢川，敵至迭予痛創，我主力得以從容部署，厥功甚偉。十月將軍任三十三集團軍總司令，此時國人無不以民族英雄目將軍，而將軍仍時時以未得良機殺敵效死，而引以為憾。

二十八年三月鄂西鍾祥戰役，敵以三個師團進犯隨棗，勢極囂張，張將軍親率兩團健兒渡河截擊，大破敵於田家集，斃敵聯隊長三，傷旅團長一，斬獲無算，敵軍狼狽潰退，遂有鄂北之捷。

二十九年夏，敵以重兵再犯襄樊，張將軍以主力堅守襄河，親率輕兵一部渡河截擊，乃於五月七日夜臨出發前，貽書副總司令馮治安將軍：「因為戰區全面戰事關係及本身之責任，均須過河與敵一拚，現已決定於今晚往襄河東岸進發，到河東後，如能與三八D、一七九D取得聯絡，即率該兩部與馬師不顧一切向北進之敵死拚，設若與一七九D、三八D取不上聯絡，即帶馬之三個團，奔著我們終之目標『死』往北邁進。無論作好作壞，一定求良心得到安慰，以後公私均得請我弟負責。由現在起，以後或暫別，或永離，不得而知。」偏師既渡，屢與敵遇，連戰皆捷。北竄之敵，歸路切斷，陣勢動搖。五月十日敵主力聚於方家集，張將軍率部進擊。激戰連日，殲敵盈野。十六日敵援軍萬餘人突至，張將軍因陷重圍，自晨至晚，彈如雨下，左右請稍移指揮位置，不許，復往返衝殺十餘次。部眾已傷亡殆盡，將軍胸部已受敵機關槍傷六處，時距敵僅數百武，左右曳引之，瞋目叱之曰：「此吾成仁日也，有死無退。」既被重創六處，猶振臂高呼殺敵，會創發仆地，於彌留之際，顧部屬曰：「吾力戰而死，自問對國家對民族對領袖可告無愧，汝等當努力殺敵，毋負吾志。」言畢遂壯烈殉職。

委員長聞訊深為震悼。當張將軍靈櫬到渝之日，即通電全軍，電文情詞懇切，所有將士莫不為之感動。茲錄其電文如下：

張總司令藎忱殉國之噩耗傳來，舉國震悼。今其靈柩於本日運抵重慶，中正於全軍舉哀悲痛之餘，謹述其英偉事蹟，為我全體將士告。追維藎忱生平與敵作戰，始於二十二年喜峰口之役，迄於今茲豫鄂之役，無役不身先士卒，當喜峰口之役，殲敵步兵兩聯隊、騎兵一大隊，是為藎忱與敵搏戰之始。抗戰以來一戰於淝水，再戰於臨沂，三戰於徐州，四戰於隨棗，而臨沂之役，藎忱率所部疾趨戰地一日夜達百八十里，與敵板垣師團，號稱鐵軍者鏖戰七晝夜，卒殲敵師。是為我抗戰以來克敵制勝之始。今茲隨棗之役，敵悉其全力三路來攻，藎忱在棗陽之方家集，獨當正面，斷其歸路，斃敵無算，我軍大捷。假藎忱不死，則此役收效當不止此。今強敵未夷，大將先隕，摧我心膂，喪我股肱，豈惟中正一人之私痛，亦我三百萬將士同胞之所同聲痛哭者也。抑中正私心尤有所痛惜者，藎忱之勇敢善戰，舉世皆知。其智深勇沉，則猶有世人未及者，自喜峰口戰事之後，蘆溝橋戰事之前，敵人密布平津之間，乘間抵隙，多方以謀，我其時應敵之難，蓋有千百倍於今日之抗戰者。藎藎忱前主察政後長津市，皆以身當撙俎折衝之交，忍痛含垢與敵周旋，眾謗群疑無所搖奪，而未嘗以一語自明，惟中正自知其苦衷與枉曲，乃特加愛護矜全，而猶為全國人士所不諒也。迨抗戰既起，義奮超群，所向無前，然後知其忠義之性，卓越尋常，而其忍辱負重殺敵致果之概，乃大白於世。見危授命，烈士之行，古今猶多有之，至於當艱難之會，內斷諸心，苟利國家，曾不以當世之是非毀譽亂其慮，此古大臣謀國之用心，非尋常之人所及知，亦非尋常之人所能任也。中正於藎忱信之尤篤，而知之特深，藎忱亦堅貞自矢不負平生付託之重，方期安危共仗，克竟全功，而乃中道摧折，未竟其志，此中正所謂於藎忱之死重為國家前途痛悼而深惜者也。雖然國於天地必有與立，而三民主義之精神，即中華民國之所由建立於不敝者也。今藎忱雖殉國，而三民主義之精神實由藎忱而發揮之；中華民國歷史之榮光，實由藎忱而光大之，其功雖未竟，吾輩後死之將士，皆當志其所志，効忠黨國，增其敵愾，翦此寇仇，以完成藎忱未竟之志，是藎忱雖死猶不死也。願我全體將士其勉之。蔣中正手啟。中華民國二十九年五月二十八日。

張將軍靈櫬過宜昌時，軍中未即公布，而民眾不期集於東山寺弔祭者愈數萬人，有的掩面流涕，有的悲傷嗟嘆，還有些老太太夜起手製麵食曰：「我為張將軍做北方飯也。」其感人之深如此。靈櫬到渝後，在儲奇門設奠，委員長親臨撫慟，政府各首長均綴紗親登靈船致祭，各機關職員及民眾，自動前往弔祭者，終日絡繹不絕。均一致確認張將軍是我們抗戰以來，最偉大的民族英雄。是則張將軍的軀殼雖死，他的精神是永垂不朽的了。

十一月十六日遺櫬權厝北碚梅花山麓，從此一代忠骨長埋地下，永為世人所景仰憑弔。這是我們中華民族所以迭經磨難，終能屹立於天地，歷久而愈光明的精神所在。

張夫人李敏慧女士因患病在滬，聞將軍噩耗，拒絕醫藥治療，絕粒七日而逝，遺子一廉珍，孫男三，均聰慧，惜均陷大陸。

（原載《傳記文學》第一卷第二期）

張北事件及其他

張北事件與土肥原賢二

民國二十四年春，何應欽上將代理軍事委員會北平分會委員長，宋哲元和我是委員，每週星期三開會，我們都要從張家口到北平來出席會議。

六月五日，日本尉級軍官二人，軍曹二人，共乘一輛汽車，由多倫赴張垣（即張家口）。行至張北縣北城門時，我守衛崗兵要檢查入境護照。察哈爾政府和日本領事曾有規定，日人出入察省，必須由領事致函省府，批准發照。此次日人未帶護照，並且來勢洶洶，不受檢查，硬要強行通過。我二衛兵上了刺刀，站在車前，阻車前進，正在爭持不下，我守衛排長出來，將四日人帶到張北縣城內司令部。

駐守張北一帶的第一三二師，師長是趙登禹。他一面用電話向張垣省政府請示，一方面將四個日本人送到師部軍法處。正好這個時候，宋和我為了參加軍事委員會北平分會的每週例會，都在北平。省政府打電話到北平，宋不在北平家中，一直過了八小時以後，電話才接通。

宋和我商量，將日本人扣押著也不是辦法，此次姑准放行，以後不帶護照，一律不准通過。後來這四個日本人經張家口到了北平。此時日本的駐北平的華北特務機關長為土肥原賢二（關東軍特務機關長兼任，往來東北與平、津間，負責推進侵略工作），認為侮辱皇軍，便用天津駐屯軍的名義，向華北當局提出嚴重抗議，同時並向我中央交涉。

此時，正逢汪兆銘以行政院院長兼外交部長的身分，指示何應欽上將，接受日本人的要求，與日本天津駐屯軍司令梅津美治郎簽訂「何梅協定」，規定我國：一、撤退河北境內國民黨黨部；二、于學忠部第五十一軍、黃杰部第二師及關麟徵部第二十五師，移駐河北省外。汪兆銘不加詳察，即下令免去宋哲元的主席職務，派我代理。宋接到命令後，即赴天津；我在北平，亦未接任。

土肥原幾次託人來說，要和我見面，均經我拒絕。六月二十三日晚，程克帶了土肥原闖到我在北平府右街的住所，我不得已，只有和土肥原見面。程是日本留學生，老同盟會員，曾任北京政府總長。

土肥原先開口：「看報知道秦將軍代理察省主席，張北事件發生於察省境內，所以來找你談談。」

我說：「代理主席的命令，我也是從報上看到的。但到今天為止，我並沒有就職。你在報上尚未見我就職的電訊，我不是交涉的對象，不能談這一個問題。」

程見我回答的乾淨，局面僵持著。便一再和我說：「土肥原今天來是拜會性質，在國際禮貌上未便峻拒。」

我覺得和土肥原談談也好，便轉變口氣說：「如果是私人拜會，我可以接待。」

土肥原說：「今天願意用私人關係交換意見。」

我說：「就請你發表意見。」

土肥原趾高氣昂的說：「張北事件有關人員，從軍政首長，以至駐守張北縣的趙師長、軍法處長、北門守衛官兵，都要向皇軍道歉，並且應該受處分。」

我很生氣，不想和他談下去，便說：「將軍所談的都是交涉問題，我不負交涉的責任，不願再談。」

土肥原的態度蠻橫；我亦不示弱；於是再成僵局。程克又從中斡旋，說道：「大家不妨隨便談談！」

土肥原開始提出籠統的要求，他說：「希望以後不再發生此類事件。」

我覺得張北事件的責任不在我方，便說：「如果日本一切照省政府和日本領事所協議的規定辦理，自然不會有此類事件發生。」

土肥原換了一個題目，說：「張北以北地區，希望二十九軍的部隊不要駐在那裡。」

我認為他這個要求很無理，便答覆他說：「張北以北，察省尚有數縣；是中華民國的國土，中華民國的軍隊當然有自由駐紮的權。」

土肥原對我的答覆很不滿，又說：「張北以北的地區，希望中國政府不要大量移民。」

我知道實際的情形不完全如此，對他說：「中國政府沒有向張北以北地區大量移民的計畫，可是人民由內地自動遷移，我們政府亦不便阻止。如同東三省的人民，百分之八十以上都是關內去的，我們政府亦無整個計畫。察省的情形，完全一樣。」

土肥原氣憤憤地說：「希望國民黨和藍衣社不要在察省活動。」

我故意避開國民黨，因為我們有黨部，便說：「在察省的政府機關裡並無藍衣社。個人的思想，在不妨礙地方治安的範圍內，政府不便干涉。」

土肥原不耐煩，態度又突然強硬起來，他向我一字一字的說：「秦將軍，你知道外交的後盾是什麼？」

我不能接受他的威脅，十分憤慨，說：「那就由你們派軍隊進占我們的察哈爾！二十九軍就是剩一兵一卒，也要拼戰到底。」

我一時動了火，捲起袖子來想揍他。但我立刻想到，揍了以後，無法善後，只有極力按捺。不禁心中一熱，當場吐起血來。我倒在沙發上，他們就走了。

我心中的氣憤一時平息不下來。但我支持著，將土肥原來訪談話的情形，摘要電報中央。中央覆電，命令我負責辦理交涉，唯一的指示是：「在不妨害我國領土主權的範圍內，可以酌情辦理。將交涉的情形隨時電告示中樞。」

此時，何梅協定已經簽訂，日本愈益橫暴。中樞當局已有一面積極從事準備，一面儘量退讓，以爭取時間的決定。關於張北事件，迭經折衝，終於由我出面，和土肥原賢二成立所謂秦土協定，其內容大致如左：

一、張北縣北門守備的團長免職。

二、第一三二師軍法處長免職。

三、二十九軍部隊撤出沽源、寶昌、康保、商都，以地方保安隊維持秩序。

四、中國政府不向察省屯田移民。

五、撤退察省境內國民黨黨部。

這一個屈辱的協定，幾乎是何梅協定的翻版。使我深受刺激，堅定了抗日的決心。

與松井石根談話

民國二十五年夏天，日本退役大將松井石根（後來是進攻南京的主將）到北平，他和我先後談了幾次話。從他言談之中，很可以看出當時一般日本軍人的思想。

他說：「亞洲是亞洲人的亞洲；亞洲國家應該聯合起來，將英、美的勢力驅逐出去。我們組織大亞細亞協會，目的就在發揚東方文化，進而領導世界。」

他一方面要我發表意見，一方面要我參加大亞細亞協會。我說：「自從九國公約成立以後，列強在中國實行『門戶開放，機會均等』的政策。經濟方面，英、美兩國的勢力，在中國已經根深蒂固。如果要排除他們，必需要用武力。對付英、美，恐怕不是日本一個國家所能勝任的。」

松井說：「英、美絕對不肯輕易作戰，你不必顧慮。」

我看他成見很深，最後斬丁截鐵的對他說：「我不願意參加這個組織。」

接著，他又和我談東方文化，和中、日兩國緊密聯繫的利益。我說：「在文化上中國和日本的關係很深。自唐代開始，中國的典章文物已經傳入日本。日本的孔學、佛學均甚發達，這都是接受中國的。明治維新以後，日本才接受歐洲文明。因此，日本科學進步，軍需工業發達，軍隊裝備現代化。經過中日、日俄戰爭，一躍而為世界強國。如果日本對中國不作侵略企圖，平等互惠，親善相處，中國可作日本的廣大市場，又可供給日本的工業原料。日本的工業品成本低廉，自然可以抵制英、美貨物。否則一旦中、日戰起，初期日本可以勝利，如曠日持久，勝負便不可預料。你是日本軍界的前輩，應該為國家作百年的打算。」

松井同意我的意見，但是他說：「日本少壯軍人，向外拓展的精神特別蓬勃，如果我們這些老派反對，將會發生第二次『二二六』事變。少壯派的狂熱，實在不便阻止，只好聽其自然。」

松井所說的「二二六」事變，就是指的這一年二月二十六日，日本青年軍人以第一師團為中心，配合近衛師團等，在周密計畫下，殺死元老重臣，襲擊首相官邸，占領警視廳、參謀本部、陸軍省……要求實行革新的叛逆行動。我當時認為日本對外政策，不由政府決定，完全操縱在少壯軍人手中，是一件非常危險的事。

與松室孝良談話

民國二十六年一月，我由北平因公赴天津，在火車上和松室孝良大佐相遇。松室曾任馮玉祥部隊的顧問，這時擔任北平日本駐屯軍特務機關長在火車中我們相談甚久。同車的有北平市財政局長林淑言（留日）任翻譯。

松室說：「中、日同種同文，華北當局應和日本友好睦鄰，澈底合作。」

我答：「中、日二國如果彼此平等互惠，自可商量，否則，中國民眾經過孫中山先生領導革命以後，國家觀念，民族意識，都已很深。縱有少數地方官吏和外人勾結，結果也會被國民唾棄。」

他覺得我的話是事實，接著又說：「中國唐朝時代，我的遠代外祖，曾到長安留學。因此，我可算是中國的外孫。」說到這裡，他笑了笑，和我表示好感。

說到文化，他認為：「中日文化，同為東方文化，兩國必須聯合予以發揚。」

我說：「我贊成這個原則，但要注意實行的方法，和日方的態度。因為現在日本科學進步，軍事裝備現代化，同中國比較，日強中弱，以強濟弱，雙方合作，強者應化除優越感，更不要壓迫凌辱弱者，雙方相處，認作兄弟則可，認作主奴則不可。你是了解東方文化的，我們東方文化的傳統是禮讓，孟子說過『以大事小，以小事大』的話。日本強盛，日本以大事小，是樂天者，可以保天下。如果日本國策遠大，而執行者又氣度恢宏，和中國平等開誠相見，中、日二國自可合作無間，東亞的和平可保，日本的富強在世界上亦可永持不墮。」

松室對我的話甚表贊同，但沒有辦法轉變他們的國策，和政策執行人的態度。

經此談話後，松室對日人及接近日人的中國人，常常說起秦某是愛國的，如果我們站在他的立場也應如此。

林局長原有高血壓病，經此一段較長時間的翻譯後，到天津即臥病不起，不勝惋惜。

（原載《傳記文學》第二卷第二期）

冀察政委會時期的回憶

一二九學生大遊行

民國二十四年冬天，北平愛國青年，如北京、清華、燕京、輔仁及其他各大學的同學，痛感日本軍閥強暴蠻橫，無不義憤填膺，一致奮起，要求政府實行抗日，連續的舉行示威遊行。

十二月九日，北平大中學校學生集合了六、七千人，遊行請願。用整幅的白布，大書：「打倒日本帝國主義」、「擁護二十九軍領導抗日」等標語，情況非常熱烈。當時，日本武官打電話來，要派日本憲兵出來維持秩序。我告訴他：「這件事我們地方可以負責，如果日本憲兵出來，必定發生慘案，那麼一切責任由你們負。」我一方面立即調派警察，保護東單牌樓各日人商店。

遊行從上午六時開始，我曾嚴令警察不准携帶武器和警棍，並命令一部分警察換著便衣，跟隨遊行隊伍維持秩序，不准毆打辱罵，如有違反，不但要辦警察，並且要辦警官。如果警察被學生打了，被打的給予獎勵。因此，遊行的秩序頗為良好。

午後二時，警察局長陳繼淹報告說：「遊行大隊現在西單牌樓休息，據說休息後，就要整隊衝東交民巷日使館，請示怎樣處置。」

我答覆他：「絕對不許大隊進入東交民巷，因為今年是日本使館『值年』，在東交民巷口設有機關槍，如果衝過去，勢必發生慘案。」

陳說：「警察既不帶槍，人數又少，無法制止。」

當時我說：「給你最後的武器，用水龍。將水龍佈在東交民巷外面兩側，倘若大隊轉向東交民巷，即刻迎頭澆水。」

遊行的隊伍由西單牌樓向東走，右轉去東交民巷，警察即只好向學生放水。這時候正是冬天，北平的氣候寒冷，經水龍一澆，大隊即折向東安市場方面前進。這是不得已的措施，當時同學們或許不諒解，但我自信，用水龍澆自己的學生，總比敵人用機關槍打好得多了。

我通知遊行隊伍下午六點在景山前集合，由我對他們講話。事先預備了麵包、饅頭、小菜、開水。他們遊行了一整天，業已疲勞，先吃一點，喝一點，方容易對他們說話。我要上車到景山去的時候，警察局長對我說：「遊行大隊分子複雜，讓我多派幾個便衣，帶著手槍，以防意外。」

我說：「萬萬不要帶護衛，以免刺激群眾的情緒。如果群眾一激動，帶槍也沒有用。」

接著，社會局長雷嗣尚（國民代表大會之花唐舜君的丈夫）對我說：「你講話最好站在大門口，汽車等在那裡，學生要打，你一回身，上汽車就走。」

我笑著說：「我是軍人，這樣膽小，教人恥笑。」

我坐了汽車，考慮著應該怎樣措辭。我想：第一不能用高壓手段，刺激他們。第二不能過分鼓勵他們，因為日方有偵探，將來要惹麻煩的，開誠佈公將當局應付的決心和準備，赤裸裸的告訴他們，請他們和政府協同一致，救亡圖存，比較妥當。

大約六點半鐘，我到達景山。我一個人走到裡面，站在大殿前的高臺上，學生們站在臺下，我開始講話，先用極溫和的態度和語氣慰問他們：「各位從早到晚，遊行十二小時很辛苦了。」

大家怒氣很盛的說：「不辛苦！」

我說：「各位作愛國運動，當然不辛苦。」停了一息，接著問道：「麵包吃了沒有？開水喝了沒有？」

「吃了！喝了！」同學們的語氣已緩和了不少。

我開始講道：「各位今天的行動，將來在愛國史上是最光榮的一頁！」

大家拍手。

我繼續說：「大家不要拍手，還有不好聽的話在後邊。各位遊行的動機固為純潔，但如果行動越軌，引起嚴重的外交問題，在亡國史上也是慘痛的一頁！」

大家齊聲說：「亡不了！亡不了！」

我說：「我也相信絕對亡不了國，因為要判斷一個國家存亡興衰要看民氣，代表民氣的是士氣。我們今天士氣如此激昂慷慨，赤誠救國，我敢斷定；我國決亡不了，還要強盛。」

這時候學生一齊鼓掌。

我說：「我鄭重的，負責的告訴各位，全國的最高領袖是愛國的，救國的，決不作任何妥協賣國的勾當。如果有人侵略我們，（故意不提日本）他一定領導我們抵抗到底。在北方負責的軍政首長，是絕對遵從最高領袖的意旨，抱定決心，誓死救國。誰侵略我們，誰就是我們的敵人。我是軍人，說話簡單，絕對不虛偽。因此我希望大家二點：第一、要勁氣內斂，儲為大用。第二、倘我們迫不得已，為保衛國家的生存應戰的時候，我秦德純一定站在第一線，我希望各位同學也要統統站在第一線，不要有一個人站在第二線第三線。」

我說話的大意如此，說完後，全體熱烈高呼：「歡迎秦市長。」「歡迎秦市長領導抗日！」一場大規模的抗日遊行，就此結束。

當晚八時，我到東城外交大樓，參加宋委員長招待日本第三艦隊司令的宴會，宋告訴我說：「日本武官告訴我，今天幾千學生熱烈澎湃的遊行，被秦市長在景山一段話說服了。」

我一方面覺得日本的情報真迅速、確實，不能不警惕；一方面覺得很慚愧，迫於當時環境，有許多要講的話，不能夠痛痛快快的說出來。

這一次學生遊行，百分之九十以上是極純潔的愛國青年，完全激於外交苦悶，一經懇切說明，即安心回校讀書，只有極少數共黨份子「民族先鋒隊」從中挑撥造謠。但也未能發生重大的作用。從此以後，北平再沒有大規模的遊行運動。

一二九再遊行之後，許多同學都參加二十九軍在南苑、西苑實施的軍事訓練。到七七蘆溝橋戰事爆發，南苑受訓的大專同學千餘人，於七月二十八日在南苑參加戰鬥，頗有傷亡，實在令人痛心惋惜。到二十八年至二十九年春一段時間，我因執行軍風紀巡察團的任務，往來川、陝道上，常常在沿途檢查站上，遇著在南苑受訓的大專同學。相談之下，無不激昂奮發，誓死抗日，而且態度特別親切，有如家人骨肉，真是令人感念不置。

《獨立評論》停刊風波

冀察政務委員會在北平東城的外交大樓聯合辦公，由宋哲元委員長親自主持，我是常務委員，也在那裡辦公。二十五年夏季，有一天，將要下班的時候，祕書長楊兆庚（字鎮南）拿了一本《獨立評論》給宋看，說是上面登了篇文章。

宋問：「甚麼文章？」

楊答：「冀察不可以特殊自居。」

宋問：「說的是甚麼？」

楊說：「總是冀、察當局不好吧！」

這一回宋的心情很沉重，他不看文章的內容，也未加考慮，就轉過頭來對我說：「叫《獨立評論》停刊，把發行人押起來，交北平市政府辦理！」

我認為不該這樣處置，便站起來說：「《獨立評論》上的這篇文章我早已看過。他們從側面枇評冀、察當局，也是春秋責備賢者的意思，並沒有謾罵、污衊的文字。文章裡說：冀、察的處境雖然特殊，當局卻不能以特殊自居，應當抱定決心，站穩腳步，以整個國家、民族的利益為重。我覺得叫他們停刊，又扣押發行人，這種處置實在重了一點。請再加考慮。」

宋好像很不耐煩，對我說：「我說怎麼辦，就怎麼辦去好了。」

下班後，我約同河北高等法院院長兼綏靖公署軍法處處長鄧哲熙見宋，替該刊緩頰。宋仍然堅持原來的意思。隨後，我和鄧到《獨立評論》社和負責人接洽，該社答允停刊數期，以資轉圜。回來向宋報告，他還是要扣押發行人。

該刊的發行人是胡適之，這時候剛從海外回到上海，他在返平之前，拍了一封電報給我說：「弟準於某月某日某次車到平。」

到了那一天，我到車站去接他。我想他一定會談起《獨立評論》的事，想不到他悠閒、愉快的和我說了許多話，卻不提《獨立評論》半句話。問題無法解決，我只有再去找宋。每天晚飯後，宋都要到鐵獅子胡同進德社，和幾個朋友談話、休息，偶而也打牌消遣。正好我去時朋友尚均未到，僅有宋一人，我把利害得失詳細分析給他聽，主張事情決不要擴大，宋欣然接受。

最後他說：「事情完全交給你辦好了。」

結果，《獨立評論》社自動停刊兩週，一場風波，到此結束。

宋哲元怎樣應付西安事變

民國二十五年十二月十二日，駐陝西的張學良、楊虎城等部，突然叛變，劫持蔣委員長，促請聯合各黨各派，一致抗日。後經委員長嚴詞斥責，曉以大義，張幡然悔悟，於同月二十五日，隨機護送蔣公返京。滿天雲霧，頓然消除。

當委員長在西安蒙難時，全國惶急不安。共產黨操縱挑撥，從容坐收漁人之利。「誰生厲階，至今為梗。」實不勝嘅嘆。

十二月十二日晚間，平漢鐵路局消息說：西安方面似有變動，詳情不悉。十三日下午二點半，接宋將軍電話，邀我到豐盛胡同（西四牌樓南）一談。我當即前往，見他的辦公桌上有西安來電一封，是張學良給宋將軍的，大意如左：

「日本自九一八奪取我東北三省，進而侵占熱河，窺伺華北，長此以往，是非將我整個國家蠶食鯨吞不止。我們必須聯合各黨各派一致抗日，方足以救亡圖存。學良迭將此意面呈蔣公，未蒙採納。不得已將蔣公抑留西安，促其覺悟。對於解決時局，弟有八項主張，另電奉達。希兄接電後，親來西安，或派全權代表前來，共商國事。盼覆。」

看過後，我問宋將軍的主張。宋要我先發表意見。我說：「第一、電報上說要聯合各黨各派，當然是指聯合共產黨。我們認為共產主義不適合中國國情，因此我們歷來主張反共。第二、就華北形勢上說，我們現在同日本揭櫫的是：中日親善；共同防共；經濟提携。我們如果同共產黨成立聯合戰線，便使日本對華北有了藉口，平、津將從此多事。第

三、蔣委員長領導全國，已經造成統一的局面，如果由張學良來領導，中國必定四分五裂，不堪設想！第四、我們山東人從來不乘人之危，如今蔣委員長失去自由，我們若贊成張，那是落井下石，不是大丈夫的態度。」

宋很同意我的看法，拿過紙筆，讓我立刻擬覆電，電文大意如下：

「文電敬悉，哲元對時局主張，有先決條件兩項：一、共產主義不適合中國國情，請公務與共產黨絕緣。二、蔣委員長之安全，關係民族存亡，請公負責維護。如蒙採納，即請電示，遵即前往。」

電報下午發出，晚上接到張、楊八項主張電報：

「中央執行委員會國民政府林主席鈞鑒：各院部會勛鑒：各綏靖主任、各總司令、各省主席、各救國聯合會、各機關、法團、各報館、各學校均鑒：東北淪亡，時逾五載。國權凌夷，疆土日蹙。淞滬協定，屈辱於前；塘沽何梅協定，繼之於後。凡屬國人，無不痛心！近來國際情形豹變，相互勾結，以我國民族為犧牲。綏東戰起，群情鼎沸，士氣激昂。丁此時機，我中樞領袖，應如何激勵軍民，發動全國之整個抗戰。乃前方守土將士，浴血殺敵，後方之外交當局，仍力謀（電文不明）。自上海愛國寃獄暴發，世界震驚，舉國痛憤。愛國獲罪，令人髮指！蔣委員長介公，受群小包圍，棄絕民眾，誤國咎深。學良等涕泣進諫，屢遭重斥。日昨西安學生，舉行救國運動，竟嗾使警察槍殺愛國幼童，稍具人心，孰忍出此！學良等多年袍澤，不忍坐視，因對介公作最後之諍諫，保其安全，促其反省。西北軍民一致主張如下：一、改組南京政府，容納各黨各派負責救國；二、停止一切內戰；三、立即釋放上海被捕之愛國領袖；四、釋放全國一切政治犯；五、開放民眾愛國運動；六、保障人民集會、結社一切政治之自由；七、確實遵行孫總理遺囑；八、立即召開救國會議。以上八項，為我西北軍民一致之救國主張，望諸公俯順輿情，開誠採納，為國家將來開一線生機，滌以往誤國之愆尤。大義當前，不容反顧。只求於救亡主張之貫徹，有濟於國家，為功為罪，一聽國人處置。臨電不勝迫切之至！張學良、楊虎城等叩丑文。」

在這一個電報以後，再沒有接到張學良和楊虎城的任何電報。當時，南京何部長敬之（應欽）曾電話詢問華北情形，我就將張（學良）宋（哲元）來往的電報向他報告，並且說：宋主張中央討伐張、楊，以維綱紀。不久，接南京二十九軍辦事處寄來南京的報紙，第一版頭條就是冀察擁護中央的消息。在局勢紛擾、人心浮動的時候，冀、察當局所表示的堅決態度，大有澄清振奮的作用。

二十一日，接濟南韓復榘來電，請宋領銜發電，電文云：

「中央黨部，國民政府，軍事委員會，各院鈞鑒：各部會，各司令部，各總指揮，各軍師旅長，各大學，各報館勛鑒：慨自西安非常事變，舉世驚痛無已。伏念吾國年來在蔣委員長領導下，艱苦締造，始克完成統一。各地方官長縱因事實上特殊之困難，感覺有所不同，然無論如何，應論列意見，為中央統籌公決。萬不容在國難嚴重之際，再有自伐自殺之行動。不此之圖，竟成出軌之事。國人在憂惶震駭之餘，皆不能考其主張之奚若，則其結果，非陷國家於萬劫不復之地不止，所謂親痛仇快者是已。目前急務，約有三大原則：第一、如何維持國家命脈？第二、如何避免人民塗炭？第三、如何保護領袖安全？以上三義，夙夜徬徨，竊維處窮處變之道，迴與處經處常不一，似宜儘量採取沉毅與靜耐，以求政治妥善通適之解決，設趨極端斷然之途徑，上列三義，恐難兼顧，或演至兵連禍結，不堪收拾之時，雖有任何鉅大之代價，不能彌補挽救此種空前之損失。感茲事大，弟恐及今不計，將無以對國家，無以對人民，更無以對領袖。則雖椎心抱憾，毫無所濟。爰本殷憂焦慮之誠，謹申垂涕叩馬之請；敬祈諸公本飲冰茹蘗之胸懷，執動心忍性之態度，審外來之危機，測來日之轉捩，庶我領袖為國家之預定步驟，依然能在狂風暴雨中，安全到達，則我國家人民，與領袖之光榮，縱蒙一時陰霾，更不能有毫髮之傷害，倘蒙俱督，由中央召集在職人員，在野名流，妥商辦法，合謀完全無遺之策，所有旋乾轉坤之功，胥拜諸公訏謨之賜，至於具體有效辦法，妥待諸公迅迅洽議，一致進行，不勝盼幸屏營之至。」

接電報後，宋和我商討的結果，覆了韓復榘一個電報，大意說：「對西安事變，曾有電主張，尊擬電文，與弟前電不甚吻合，如兄方針已定，請先發可也，弟另有電報。」想不到二十三日閱報，竟有宋哲元、韓復榘領銜發出的漾電，就是韓拍來的那個電稿。事後才知道，這是何其鞏、王芳亭等人，惟恐天下不亂，鼓動韓復榘所發。

何敬之部長從南京打電話來問我，我只好具實報告。

西安事變發生後，最使我們警惕者，是日本的態度。由雙十二至二十五日的一段時間，在平、津一帶，日本武官與外交官等，以幸災樂禍的心情，屢次向我方表示：「中國由蔣委員長領導已漸完成統一局面，日本站在睦鄰的立場上，極為欽佩。不意西安變起，張學良、楊虎城勾結共產黨，劫持蔣委員長，使之失去自由，日方深為惋惜。但為反共大計，日方實不能坐視。」

從這些話裡可以看出來，宋在覆張學良的電文中，表明堅決反共的態度，確有堵塞日本軍閥藉口侵略華北的作用。

（原載《傳記文學》第二卷第一期）

出席遠東軍事法庭作證

抗戰勝利以後，我是在三十五年三月由重慶還都南京的，到南京月餘，至五月初旬，即接到盟國在東京組織的審判戰犯的軍事法庭通知，邀約我前往出庭作證。我當即請示蔣委員長，奉委員長指示。大意是：「日本軍閥自九一八以來，以武力侵佔我領土，破壞我主權。我國以國防準備尚未完成，不得不忍辱負重，與之週旋。迨七七蘆溝橋戰事發生，日方更派遣陸海空軍大部兵力向我全國侵略。我們為維護國家民族的生存，全國軍民，浴血苦戰，八年以來，我軍民傷亡慘重，物力疲敝，民生凋殘，推原禍始，皆由日本侵略我國所致。你此次前往作證，務要達到以下兩種任務：一、要證明日本是侵略我國的國家。二、要證明土肥原是執行侵略政策最重要的主持人。」

我奉到委員長的指示之後，深感榮幸愉快，這兩點指示和我自己的思想完全契合。我當即手搜集資料，準備證言，以便向遠東軍事法庭提出。

五月十日左右，我由上海乘我國軍用飛機前往日本。與我同時被邀作證的尚有王冷齋先生（係蘆溝橋事變時該區行政督察專員），我們到達橫濱羽田機場時，我國駐日本軍事代表團朱世明團長、軍事組李立柏組長，均在機場晤面。

到東京後，我住帝國飯店，王冷齋另住他處。這一切居處飲食，交通工具等項，均由美方安排照料。

橫濱碼頭及市區，經盟軍飛機轟炸，破壞頗為鉅烈。但對碼頭的轟炸，卻保留一部備美軍登陸使用，證明美軍轟炸計畫的精密與技術的優良。由橫濱至東京一段公路，彈痕纍纍，均經臨時填平，通車無阻。公路兩側建築，在戰前鱗次櫛比，毫無空地存在，戰後所有房舍，均已蕩然無存。偶有一二煙囪亦孤零零的矗立路側，失去當年繁榮景象。其原來的高樓大廈，均已炸成破瓦頹垣或僅殘留一面或半面牆壁，戰禍的悽慘，令人觸目驚心。

提出證言

我到帝國飯店後，即準備將所擬證言向法庭提出。證言大意即遵照所受兩項任務，分兩部分說明：第一為日本的侵略事實：即東北遼吉黑熱四省的侵佔；滿洲傀儡組織的建立；侵入長城線各隘口，窺伺平津；強迫華北五省特殊化，藉端尋釁攻擊蘆溝橋；更大量進軍，佔據我全國各地，確是日本實行侵略我國的鐵證。第二列舉土肥原為執行日本侵略政策，迭次向我華北地方當局強迫特殊化的實現，其態度蠻橫，不可理喻。更於二十四年六月藉口張北事件是侮辱皇軍，由程克帶他闖到北平本人住宅（府右街）提出了道歉懲兇及察哈爾省取消國民黨黨部；張北縣以北不能由中國正規部隊（即二十九軍）駐守；並不得大量向張北縣以北移民等等無理要求。因我不肯接受，土肥原更以強橫口吻對我說：「你知道外交的後盾是什麼？」再三辯論，幾致動武。最後使我氣憤已極，當場吐血而暈倒地下。以及其他土肥原策使下的種種暴行。

我即將上述兩類事實用書面說明，交由遠東軍事法庭譯成英日文字發交各審判官及被告。

法庭組織

遠東軍事法庭的組織，由中、美、英、蘇、菲、澳、印度等十一個盟國遴派法學湛深的專家充任審判官，以澳籍的威廉韋甫任審判長，美籍的基南任首席檢察官，我國派梅汝璈為審判官。梅也住帝國飯店，但檢察官則另住他處。

軍事法庭所在地，是日本的陸軍省大禮堂，布置莊嚴而現代化。十一位審判官成一字形高坐主席臺上，證人位置在主席臺左前方另有一獨立臺，裝有各國語言的電話。所有戰犯均在對面樓上，每一戰犯身後，有兩個美國憲兵監視，以防意外，傍聽人員，在樓上兩側。

受審的甲級戰犯二十八人，計有：東條英機、廣田弘毅、松井石根、土肥原賢二、板垣征四郎、木村兵太郎、武藤章、木戶幸一、平治麒一郎、賀尾興宣、島田繁太郎、白鳥敏夫、大島浩、星野直樹、荒木貞夫、小磯國昭、畑俊六、梅津美治郎、南次郎、鈴木貞一、佐藤賢亮、橋本欣五郎、岡敬純、東鄉茂德、重光葵、松岡洋右、永野修身、大川周明等。

出庭作證

檢察官依據我的證言，向法庭正式提出起訴書。每一被告均有一辯護律師，多數由被告聘請，也有由法庭指派的，其中有日人，也有英美人。全體被告聘請瀨清一郎為總辯護律師。我參加作證共四天，每天由上午九時至十二時，下午二時至五時。先由檢察官根據證言證物提出控告，再由被告辯護人，提出反駁，往返辯論，頗為激烈，必要時由證人提出事實證明。到了作證的第三天上午，土肥原的辯護律師，手持一幅字畫，展開後提出辯論說：「據秦將軍的證言，中國華北當局受土肥原的欺侮壓迫，感情甚惡，但這幅名貴字畫是土肥原離開北平赴東北時，宋哲元將軍贈送給他的，足證宋土感情友好，秦將軍的證言不足採信。」說畢將該畫呈庭由審判長及審判官審閱，再交我答覆。我看這畫，是王石谷畫的山水，上有一段題字，大意是：「土肥原將軍年來奔走中日和平，備極辛勞，此次另有重寄他調，贈此以作紀念。宋哲元敬贈」等字樣。題字是宋將軍的楊祕書長鎮南寫的，我認識他的筆跡。審判長問我，此畫是否宋哲元將軍贈送土肥原的呢？我隨即說明這是我第一次看到此畫，可能是宋將軍贈給土肥原的，但這是私人交際往還贈送的一種小紀念物品，不能用以證明國家與國家間的外交關係。因北平是中國舊都，各國外交使節武官等留住北平的甚多，當他們奉令返國時與地方當局互相餽贈紀念物品，是常有的事，也是極普通的事，純粹是一種禮貌行為，既不能代表真正的感情，也不能代表外交的好壞。審判長及各審判官均頻頻頷首。

審判長又問我：「奏將軍對於田中奏摺的真實性以為如何？」我答：「我認為是真的，其原件可能已焚燬銷滅，現在拿不出證據來。可是由日本的侵略行動看來，是先由中國東北，次及全國，直至全亞洲，一步一步的事實，均是田中奏摺上規定的步驟，因此我認為是真的。」

我國法官梅汝璈，在庭上的座位緊接著審判長的左邊，當時我國是四強之一，地位的崇高可以想見。我同梅氏均住帝國飯店，他說每次被告辯護人提出問題，他都曾替我考慮如何答覆，結果我的話往往比他想的還適合，庭上亦均滿意。

我作證的四天，心情頗為緊張，每晚我將提出的證言仔細研究，將可能被辯護人提出質詢的問題，妥擬答覆。常常到深夜方能就寢。當時我回想在民國十一年冬，我在陸軍大學畢業考試最後的一課交卷後，我曾說道：「今生可能不再被考試了罷。」卻沒有想到這四天作證，又恢復了學生時代準備考試一樣的生活。

我作證完畢，因法庭案件甚多，非短時間所能宣判，我擬趁返國之前，再與麥克阿瑟元帥懇談，並擬到日本各地參觀，參觀地點，由美方安排；交通工具，亦由美方準備。

戰犯生活

在作證期間，我偶然抬頭向樓上看看土肥原，見他面容憔悴，精神頹唐，已失去當年在北平的威風。他也有時看我，四目相值，他似有無限悔意。

所有甲級戰犯都押在東京巢鴨監獄，每人住一小房，在監獄內均穿囚衣，赴法庭受審時再換著他們自己的西服（另有一室存儲）。美軍檢查極為嚴格，受審回來，都要脫光身體檢查，連眼睛假牙都要查到。外面來的信件，不許直接交給本人，必須經過照相，才把照片交給他們，這是怕有人把毒藥塗在信上用以自殺的緣故。

在監獄中最倔強的是東條英機，時常和獄卒發生爭執，他一度企圖自殺失敗，他對人家說：「我做陸軍大臣的時候，寫了一本戰陣訓，叫士兵寧可自殺，不可被俘，所以我的自殺是當然的事。」他住在橫濱醫院，麥帥去看他，他非常感動，說美國也有崇高的武士道，他很高興。自知罪不可恕，他常常撫摸頸子，做著砍頭的手勢說：「我希望這個早一點來！」可以說毫無悔意，只是希望不要累及天皇和皇室。

甲級戰犯以前貴為首相大臣大將，在押期間生活都自己料理，房間廁所均要打掃揩抹乾淨。吃飯則輪派值日，為大家服務。第一次值日是廣田前首相和畑元帥，他倆把飯從遠處提來分給大家，其他二十六名戰犯排隊在破桌子上吃飯，所有飯具都是用橡膠製造，當然也是防止自殺的。

獄卒常常調換，大部都很冷酷，他們惟一露出笑容的時間是奉調回國前，請甲級戰犯尤其是東條在日本百元紙幣上簽名的那一剎那。

據戰犯之一而判罪較輕的重光葵，後來所寫昭和的動亂一書所附巢鴨日記，描寫這些侵略我國的首惡戰犯們當時的心情與生活，真使人有「當年之雄而今安在」的感覺。

三度與麥帥晤談

我在東京與麥帥晤面三次，第一次是我作禮貌上的拜會；第二次麥帥邀我到他家中吃飯，這兩次均未深談。第三次是我返國前的辭別，是由朱世明團長陪我前去的。談話時間較長，他問我：「以你們現在中國的力量，能否消滅中共？」我審慎考慮，麥帥是盟國遠東軍事最高統帥，軍事政治，素養不凡，他對各國政情軍事，均有其必要的了解和觀察。絕不宜向他信口宣傳，免使他認為失去事實真象，難於遽信。因此我說：「應分兩方面答覆：一、對共匪武力，以現有國軍的力量再加上貴國新武器及經濟的援助，如我們在戰略運用上不發生錯誤，可能將共匪軍隊擊破，使其化整為零，乃至全部消滅。二、對共匪所主張之共產主義問題，是一個國際性問題，它不僅有國際性組織，其背後又有強大的蘇俄援助，消滅或根絕則頗不容易。如果民主國家不能徹底實行民主政治，使政治清明，國民生活水準提高，則頗難消滅國際性的共產主義。」麥帥極為首肯，並囑託我回去報告蔣委員長，他本人願意和蔣委員長，一在日本，一在中國，作反共的兩大支柱，彼此携手協力，努力剷除亞洲的共產黨，以免為害人類。他說中國與日本任何一國被赤化，則亞洲局勢，將大受影響。

麥帥又說：「日本科學進步，工業發達，在亞洲是第一位，在世界上亦僅次於美國，經此次大戰以後，日本物資缺乏，民生凋敝，極易受共產黨的鼓動煽惑，所以他從美國運到大批食糧，以解除日人的飢餓。萬一共黨奪取了日本，則美國力量，將由西太平洋退到夏威夷方面去了。」

我回國後將這一段話詳細向蔣委員長報告，蔣公極有同感，願照此原則，努力作去。事後朱團長告訴我：「麥帥平素沉默寡言，這一次談話甚多，也特別高興，可能是你的意見，他很同意的緣故。」

旅行所見

我作證完畢，即會同王冷齋兄及軍事代表團諸同人，赴日本各地參觀，以了解戰後實況。我們先赴箱根日光熱海等風景地區，見公路兩側空隙地皮，均已闢為耕地，其丘陵山地較平坦部分，亦多闢作農田，蓋因事實需要，必須努力增加生產，以補助國民生活。我們所乘汽車，每經過一村鎮，所有在村鎮附近工作或遊玩的兒童，均迅速集合，排成一字形，在公路側恭謹的鞠躬歡迎，這足以證明日本人組織能力之強，同時更證明戰後的日本政府，對國民指導訓練有方，以博取世人的同情讚佩。我們到箱根各地遊覽，是走馬觀花式的，未作長時間的留連。但見各名勝地區的花木葱蘢，風景雅麗。旅舍的侍應人員，服飾整潔，禮貌周到，極予遊客以愉快滿意的良好印象。今日回想起來，對於臺灣的觀光事業，很多可以引為借鏡的。

我們乘火車抵舊都西京時，駐在該地的美國軍團長，親自駕車到車站歡迎，陪同我們到各地參觀。我們的座車前方有四輛吉普車，均坐有服裝整齊之美國憲兵，為之開道警戒，頗使我們感覺不安。西京原是文化舊都，非工商業集中地區，盟軍飛機一概未施轟炸，市面安詳照常，不過人民生活，比較艱苦些罷了。嗣後又到大阪神戶等工商業地區，因係戰略物資集散地，被炸頗為慘烈，建築物破壞均在百分之五十以上，不過有些已逐漸修復起來了。所有旅行地點及交通工具的安排，事前均由美方布置，因此未能到廣島長崎被原子彈轟炸地區參觀，這係此行的一個缺憾。

戰後日本物資缺乏，衣食均感困難，一般國民服裝多數襴縷補綴，雖已破舊，卻甚潔淨。糧食統制極嚴，朋友邀約餐敘，均須自帶糧米，困苦情形，可見一斑。倘非麥帥由美運到大批食糧，則社會安定，實難以想像。而日本國民，艱苦卓絕，發憤圖強的精神，卻奠立了復興的根基。

在日本紀念七七

是年為「七七」第九週年紀念，由朱團長世明安排，在我國軍事代表團內開會紀念。由我報告「七七」事變經過，我當時心情甚為沉重，雖然抗戰已獲勝利，我卻毫無愉快與奮的感覺。因經過八年抗戰，產業凋敝，生活困苦，而各地接收人員，百弊叢生，不知政治何日始上軌道，社會秩序，何日始能恢復，而共匪又窺伺在旁，乘間抵隙，到處破壞交通，阻撓國軍接收，同時更擴大宣傳，致友邦對我信念動搖。總覺來日尚有大難，不易再收到勝利成果。不意兩三年後，整個大陸，被共匪竊據而去。撫今追昔，尤不禁感慨萬千，深望我全國上下，痛定思痛，臥薪嘗膽，以光復莊嚴燦爛的中華故土，拯救水深火熱的同胞。

戰犯宣判

三十七年（一九四八年）十一月十二日，遠東軍事法庭正式宣告各戰犯應得的罪刑：

一、絞刑七名：東條英機、廣田弘毅、松井石根、土肥原賢二、板垣征四郎、木村兵太郎、武藤章。

二、無期徒刑十六名：木戶幸一、平沼麒一郎、賀尾興宣、島田繁太郎、白鳥敏夫、大島浩、星野直樹、荒木貞夫、小磯國昭、畑俊六、梅津美治郎、南次郎、鈴木貞一、佐藤賢亮、橋本欣五郎、岡敬純。

三、徒刑二十年：東鄉茂德；徒刑七年：重光葵。

以上計甲級戰犯二十五名，其餘三名松岡洋右、永野修身二人在審判過程中病死，大川周明發瘋。

各戰犯應否判處死刑，由十一審判官投票決定。土肥原的絞刑係七票對四票通過的。執行絞刑時，中美英蘇各國代表均出席監察，我國由商震將軍出席。第一批為土肥原、松井、東條、武藤四人。第二批為板垣、廣田、木村三人。

在行刑前由美兵監視，進入特設佛堂，堂中懸掛佛像，案上陳列法器瓜果，首由日籍佛教法師花山信勝誦經，為各犯懺悔。繼由戰犯至佛前簽名，以示向佛祖報到之意。東條繼土肥原、松井之後簽名，初期頗為鎮定，但書到「機」字時，手微抖顫已失常態。簽名畢各飲葡萄酒一杯，由東條領導各戰犯高呼「大皇萬歲」「大日本萬歲」口號，直趨刑場，按次上絞頭臺就刑。

實施侵略的日本軍閥及政要，均已受到應負的罪責。他們挑起戰禍，殘害人類，縱然一死亦難償其罪惡。則今後抱有侵略野心，希圖消滅他人國家的惡魔，自應知所警惕了。

（原載《傳記文學》第一卷第三期）

青島于役前後

臨危受命兼主山東省政

民國三十七年九月，共匪調集大部兵力，進攻山東省會濟南，我駐濟南之第二綏靖區司令官兼省主席王耀武派隊應戰，正當戰事劇烈，駐濟南商埠及負責維護飛機場的吳化文師，突然叛變投匪，倒戈相向。一時我軍心士氣，大受影響，遂陸續將城外部隊，調赴城內，據守城垣應戰。共匪集中砲火轟擊城垣，一面挑派敢死隊扒城猛攻，我城垣被匪砲火擊毀數處，匪兵遂擁入城內，我軍在城內節節抵抗，敵我傷亡均極慘重。嗣以匪軍後續部隊，大量入城激戰歷八日，我濟南省會遂於九月二十五日陷於匪手。

主席王耀武見大勢已去，率二、三隨從，化裝逃出濟南，擬往青島。濟青兩地相距八百華里，已行至中途，在廣饒縣大王橋旅舍內，其隨從對王仍以長官相待，據傳王赴廁所，其隨從往送衛生紙，被旅店內之匪諜偵破，遂被土共俘虜。

山東已陷於無政府狀態。魯省旅居南京人士，紛紛籲請中央，重新組織省府，我中樞以政治體制關係，亦認為有成立必要。作者當時在南京任國防郡次長，蒙總統蔣公兩次召見，令兼負省政責任。當經面辭及書面懇辭，均未獲俞允。我曾將個人淺見向蔣公陳明：當茲軍事緊張時期，行政機關的確成為軍事長官的負擔，此刻山東情形似無重組省府的必要。惟如中樞確認與體制有關，則應與軍事密切配合。如我方軍事重心注重魯東，請以現駐青島之十一綏靖區劉安祺司令官兼任省主席，俟我魯東軍事進展至濰縣時，再另行組織省政機構；如我軍事重心注重魯南，則請以現在徐州之李延年副長官兼任，俟我魯南軍事進展至兗州時，再另行組織省政機構。總統對我所陳意見雖稍加考慮，並頻示嘉勉之意，然終以體制關係，堅囑我仍應前往就任，不得再辭。最後並以慈祥而又嚴肅的口吻說：「你是軍人！」意即應該無條件服從領袖。我此時的進退，至為惶恐。祇好本見危受命之義，知其不可為而為之了。

當第二次總統召見時，曾詢以山東地方，仍在我政府掌握的尚有若干地區？當即答稱：尚有不完整的即墨一縣及毗連的青島特別市一市。而即墨一縣，即是在我國歷史上有名的田單復國的基地。當戰國時代燕將樂毅率兵伐齊，攻下齊國七十餘城，只剩莒與即墨兩地未下，燕兵繼續向即墨圍攻。齊國將領田單智勇兼備，在即墨被舉為將，督率被圍的齊國部隊，並利用火牛為前驅，奮勇反攻，將燕兵擊潰，盡復失土。所以即墨便成為歷史上有名的反攻復國的根據地。當時我將此一歷史故事向總統稟明，並希望藉以激勵守軍挽回山東的頹勢。總統頗以為然，訓勉省府應竭盡所能，配合駐軍努力為之。

再奉兼青島市長前往坐鎮

十月間行政院會議通過，任命孫繼丁、楊展雲、傅立平、徐軼千、石毓嵩、王崇五、張銑、張景月、程鈺慶、許先登及作者等十一人為山東省政府委員。並任命我兼主席，傅立平兼民政廳廳長，石毓嵩兼財政廳廳長、徐軼千兼教育廳廳長，孫繼丁兼祕書長。孫繼丁在交通界服務甚久，曾任膠濟路局處長及西北公路局副局長。所以我與凌鴻勛先生（時任交通部次長）在行政院晤面時，凌先生說：「你組織省府將我們交通界的老幹部延攬去了，我們非常贊成，也極佩服你。」我對凌先生連聲說謝謝。孫係美國留學生，雖年近六十而壯健仍如青年，且品端學粹，辦事負責，英語亦極熟練。當國家危難的時候，我們為國擇才，絕無任何的界限。其他委員的遴選與人事的安排，也大都如此。

省政府重要負責人事，大體決定之後，即在南京開始辦公（以後又遷往上海），研討如何開展工作。惟山東地方均已大部淪陷，很少用武之地。所以中央規定暫不成立建設廳，即民財兩廳的工作，亦極簡單。只有青年教育方面，為我們的工作中心。原來山東的中等教育相當發達，全省中學組成了八個聯合中學，因痛恨共匪的清算鬥爭等種種暴政，於濟南陷匪前後相率南下，先赴徐蚌，經南京、杭州、長沙、衡陽於三十八年夏季到達廣州。各校教職員學生，在顛沛流離饑渴勞頓中間，先後在杭州、長沙、衡陽等地，由駐在地的軍政首長熱誠協助，仍能覓地上課，弦歌不輟。這種艱苦求知的精神，和堅忍不拔的意志，確實值得欽佩。曾由省府派教育廳長徐軼千，民政廳長傅立平等馳赴各地視察慰問，也確實提高了各校員生的奮鬥情緒。

三十八年一月我又奉中央命兼任青島市市長。當時山地方，除青島市及即墨縣外，均已淪陷，在青島的魯青父老函電紛馳，催促前往；旅南京同鄉復頻以大義相責。當將市府負責人事，大體部署，將孫祕書長調任市府祕書長，楊委員展雲兼省府祕書長並兼市教育局長。孫書元任建設局局長，財政局長以省府會計長張敦鏞兼任，社會局長以該局科長鄭培仕代理，警察局長仍以劉國憲擔任。作者於三月初率省新聞處長尹殿甲一人飛赴青島就職視事。省府亦隨之遷往青島。飛機到達機場時，歡迎行列，熱烈空前，我內心真感覺慚愧無地，因當此艱危緊張局面，我隻身前來，如何能挽既倒的狂瀾！我到青市復同尹處長住在迎賓館（德國時代的提督樓）內，據說該館風水不好，居住該館者結果均不好。常鬧鬼怪，因我素不信鬼，且終日忙碌，到夜十二點上床即鼾睡到天亮。尹處長要趕辦公事，每過深夜偶聞聲響，不覺毛骨悚然。但亦始終未有任何發現。

青島撤退的前前後後

青島原為膠縣的東南半島，在光緒二十三年，德國藉口曹州教案，強以兵力租借膠州為軍港，並闢青島為市場，又築膠濟鐵路通濟南。民國三年第一次世界大戰期間，日本乘機佔領。十一年太平洋會議後，由我國收回。十八年設青島特別市。該市在德國佔據時代，建設成一個美麗的花園都市。所有建築，一切照工務局計畫圖案施行。在同一街道，每一住宅區內，房式均不同樣。圍牆低矮，下層用鋼筋水泥，上層以鋼條編結接連。行人由街道上，即可洞見院內花木之美。在每一住家樓上，憑窗眺望，均可見碧濤蕩漾，船隻往來與飛鳥翱翔，實令人有心曠神怡之感。青市所建馬路，一律用柏油鋪成。下水道設計良好，水流通暢。雨後的街道清潔，洗刷如新，光亮照人。市區內外樹木，保護極佳。隨處均花木葱蘢，風景秀麗，夏季氣候清爽，為華北避暑勝地。在日據時代，大體尚維持舊觀。自三十五年後，山東各縣民眾為逃避匪禍，青島情況，真是今非昔比。因各地逃難群眾麕集，幸有美援麵粉可供食用，但居所及燃料萬分困難。難民多搭蓋臨時草房，聊避風雨。因缺乏燃料，全市民眾紛紛挖掘馬路上所鋪柏油燒飯，因火力不足，只有吃半生不熟的飯食。更有砍伐樹木，供作燃料。居民栽種多年的水菓樹，也被砍去不少。因此各區區長前來訴苦，要求救濟。當由市府以青島棉紗裝運赴臺灣，換回煤炭應用，但青島樹木已損失強半。以後我回南京，張岳軍先生說道：「你們青島，現在已了黃島了。」卻是真實情形。

所幸青島由劉司令官安祺率隊駐守，紀律嚴明，緝捕匪諜，不稍寬假，地方賴以安謐。美軍駐青海軍白吉爾中將與我軍政當局，協同全力配合適宜，此時共匪，未敢向青島窺伺。至四月間共匪調集匪軍進攻即墨，經我劉司令官所部之趙琳軍迎頭痛擊，共匪傷亡慘重，狼狽潰退。直至五月底，劉司令官所部奉命撤退，以計畫周密布署嚴整，所有軍隊彈藥物資均秩序井然，安全撤退。省市府職員亦同軍隊撤退來臺，所有省市政府委員廳局長全數到臺，並無一人滯留陷區，至足欣慰。

我於是年三月底，迭奉國防部電催，返回南京。省府事務交由楊祕書長展雲代拆代行。市長交由孫祕書長兼代。我回南京國防部後，南京情勢已極緊張，共匪已迫近浦口。四月十三日隨同國防部先到上海，轉赴廣州。

七千家鄉子弟求學就業各得其所

此時，前文所提正在流亡途中的山東八個聯合中學，共計員生七千餘人，也相率抵達廣州，分別借駐廣州各校宿舍以內。八位校長於到達後不久，即來我東山寓所相晤，陳述沿途困難經過。並提出請求說：各校員生為避免共匪壓迫或利用，忍受困苦，跋涉數千里。現在已到我國最南邊區，前有大海，後有匪兵。應請政府為他們數千苦難學生，找一個能暫時安心求學的地方。經大家研商結果，以能赴臺灣最為相宜。我即與當時教育部杭立武部長研洽。杭部長說：「若赴西南或四川或雲南，則教育部仍可照常發給經費；若到臺灣成立一個山東聯合中學，則各省已到臺灣的中學學生甚多，紛紛援例要求，則教部恐無法應付。」再三洽商，終無結果。正在沒有辦法的時候，適在臺灣的東南長官陳辭修先生到了廣州，我同教育廳長及校長代表前往晉見，請他將此七千青年學生收容到臺，以免被匪殘殺或利用。陳長官原則同意，但附有　個條件說：「無論教職員學生，凡思想動搖確認為有問題者，必須設法除去，否則不能接運赴臺。」我當即向陳長官說明：「山東各地方淪陷較早，各員生的家處多數均被共匪清算鬥爭，他們的父兄亦多被殘害，他們對共匪均恨之刺骨，所以我敢說思想上絕大多數都無問題。」不過這些學校團體，均是一般青年，向為共匪利用對象，難免不雜有匪諜或職業學生，潛伏策動。我們為慎重起見，即先會同各校負責人研究妥善辦法，而不為共匪所乘。我於全部手續辦好後，派員携帶八本員生名冊（每校一冊）赴臺專報。由陳長官派一副師長率專輪到廣州接運，交由駐澎湖防衛司令官李振清負責照料。並由教育部、山東省政府及澎湖防衛司令部三方面會商決定，組設澎湖防衛司令部子弟學校，由李司令官兼任校長。一面遵照部章規定上課；同時接受軍事訓練。其從軍學生經政府特許，服役後仍能恢復學籍，繼續完成其學業。四十年該校移入臺灣本島員林鎮，定名為省立員林實驗中學。所有學生先後考入陸海空軍官學校及各種軍事學校肄業者，前後計壹千三百餘人，刻下均在國軍服務校尉級軍官。將來反攻大陸，相信他們對國家必有良好的貢獻。其考取大專各校畢業後，服務各機關及考取留學國外者，亦為數不少。在軍中服務後退役復學的同學先後經教育部、教育廳及退除役官兵輔導會，將他們分發師範及工業學校，完成其學業。我這項在省主席任內的一份工作，於民國五十年暑假後才算全部完成。這批家鄉子弟，雖然忍受許多苦難，受盡許多折磨，甚至有的因而喪失生命，但絕大部分，都已學成就業，各得其所了。

報告撤退情形深願早日反攻復國

三十八年七月間，作者於廣州晉謁總統蔣公報告撤退情形，總統蔣公曾以快慰的心情說道：「此次青島撤退，最為完整，不但軍隊及裝備物資毫未損失，並將在青的反共人士及青年均已撤退赴臺，至可嘉慰。」十月間我隨政府轉赴重慶，又赴成都。於十二月九日同行政院賈祕書長景德等同機來臺。所有省市政府的委員廳局長職員等，已先後由政府分別安置工作，準備隨同政府反攻大陸。唯傅委員立平，許委員先登先後病逝，遺孤幼弱，生活蕭條，至堪同情。

回首前塵，不勝淒愴之感。而今國仇未復，失地待收。作者年近老邁，深願追隨政府，早日實施反攻，消滅匪類，以拯救我在水深火熱之中的大陸同胞。

（原載《傳記文學》第一卷第七期）

抗戰勝利與共匪倡亂

世界形勢的轉變

在日本發動蘆溝橋事變的前一年，日本和德國締結了防共協定，原在防範蘇俄，對兩國間的利害關係，並無重大影響。德國於二十七年七月召回在華軍事顧問，同年十二月又承認偽滿洲國；只是對日本的一種友好表示，在實際方面可說毫無補益。

話雖如此說，但後來事實證明，東西這兩個狂妄的國家，在推行軍國主義，積極擴張領土方面，卻有互相鼓勵，互為侵略競賽的作用。日軍在中國：二十六年八月佔平津；十一月入上海；十二月陷南京；二十七年五月據徐州；十月在廣東登陸，切斷港、澳國際通道；同月佔領武漢。這一連串的勝利幻像，和德國在歐洲：二十七年三月兼併奧地利，二十八年三月進攻捷克，那種窮凶極惡的行徑，很難說完全出於無意的巧合。

自德國侵佔捷克後，英國決定放棄綏靖政策，為防止德國繼續向東發展，立即聲明保護波蘭的安全。此時，英國和法國一方面加強對德國的包圍；一方面對蘇俄進行軍事同盟談判。

德國和蘇俄是兩個講求實利的國家；在德國，為突破英、法的聯合陣線，需要和蘇俄暫時妥協；在蘇俄，因英、法和德、義的對峙愈益尖銳，大戰勢難避免，為使德國的砲口轉向英、法，亦須與納粹表示友好；終在民國二十八年八月，訂立德蘇互不侵犯條約。

就在這條約簽定的下個月，日本和蘇俄在同年七月間，因滿洲國和外蒙疆界爭執所發生的諾門坎事件，也成立了日俄停戰協定。這證明兩國在外交上採取平行的行動。

二十八年八月底，德國向波蘭進軍，英、法因有保護波蘭的諾言，便向德國宣戰。於是，以中國對日抗戰為序幕的第二次世界大戰開始。這對中國來說，在國際形勢上是一個有利的轉變。但初期並不平順，因日本曾宣布對歐戰中立，英國為拉攏日本，竟答應日本的要求，封鎖中國對外的通道滇緬路。後來日、德、義成立軸心，滇緬路才重行開放。

敵人從瘋狂到毀滅

二十九年四月，德國獨裁者希特勒發動閃電戰，橫掃丹麥和挪威。五月，進軍比利時和荷蘭；再由比利時南下進攻法國，繞過馬奇諾防線，集中機械化部隊，配合強大空軍，向法軍突擊。德軍一路向英、法聯軍後方猛攻，聲言要將聯軍驅逐入海。英軍不敢抵抗，撤退到法國北部的海上橋頭堡敦克爾克，背海和德軍力鬥。英國動員八、九百艘船艦，才將三十萬大軍搶救過海。此時，法國國防已整個解體，六月二十二日，由貝當元帥宣布停戰。

當法軍破敗，英軍狼狽撤退的時候，義大利獨裁者墨索里尼為企圖分潤法國的土地和資源，並趁機將英國勢力驅出地中海，於六月十日，向英、法宣戰。

德軍閃電式的勝利使日本認定英國的崩潰已不可免，為掌握英國遠東殖民地預留地步，於二十九年九月，和德、義兩國簽訂政治經濟軍事同盟，所謂日、德、義三國軸心於焉形成。此時，日本侵入越南；義大利進攻埃及、希臘；德國佔領羅馬尼亞；這些軍事上的攻略行為，實在是互相配合的。

日、德、義三國軸心成立，民主與軸心兩大壁壘顯然劃分。羅斯福第三屆連任總統後不久，德軍進入保加利亞，英、義海戰發生，美國宣布以軍火援助中、英、希三國。三個月後，德國對蘇宣戰，美國全力援蘇，稍後，美國擴大援華。日、美關係更趨惡化。

日海軍偷襲珍珠港

三十年十二月八日，日本海軍以航空母艦為主力，奇襲美國太平洋艦隊根據地珍珠港，太平洋戰事爆發。三十一年元旦，中、英、美、蘇等二十六國在華盛頓簽訂聯合宣言，聲明對軸心作戰到底，並推選蔣委員長為包括泰、越及東南亞地方的中國戰區最高統帥。自此以後，中國便和各同盟國並肩作戰。在初期，同盟國的戰略主要對付德國，中國所得到的援助較少，等到美國在太平洋轉守為攻，中國戰區的空中優勢已為中美聯軍所把握。

三十二年初，軸心在歐洲戰場全面敗北。列寧格勒解圍，史達林格勒德軍撤退；英、美聯軍在北非擊潰德、義軍隊，又在地中海西西利島登陸；同年九月，義大利投降。十一月蔣委員長出國參加開羅會議，決定中、美、英對日作戰最高方針。

三十三年六月，美、英、加軍隊在法國諾曼地登陸，蘇軍乘機積極反攻；此時，德軍已無抵抗能力，歐洲戰事急轉直下。十月美軍登陵菲律賓，太平洋戰局整個改觀。我國為配合盟軍作戰，成立中國戰區陸軍總司令部，特任何應欽上將兼總司令，下轄四個方面軍，總部設在昆明，與中國戰區之日軍作最後決戰，至三十四年五月，德軍宣布投降。在太平洋方面，自三十三年起，美軍亦開始越島反攻。三十四年夏季，美國海空軍進攻日本本土。七月二十六日，中、美、英三國發表波茨坦宣言，重申開羅會議宣言要點。日本轉託蘇俄談和，蘇俄對同盟國竟密而不宣。八月六日美國在廣島投下第一顆原子彈，日本全國上下更是徬徨無主，八日蘇俄忽又對日宣戰。

八月十五日晨，同盟國由瑞士接獲通知，日本天皇已接受波茨坦宣言各項規定，宣告無條件投降。

我國受降

蔣委員長在日本宣布投降後，對全國軍民及世界人士廣播，切盼這次大戰是世界最末一次戰爭，並表示對日本「不念舊惡」，採取「以德報怨，寬大為懷」的政策。

九月二日，我國派徐永昌將軍為代表，和同盟國代表在停泊日本東京灣的美國密蘇里號戰艦上，接受日本的無條件投降。

我軍按照盟軍最高統帥麥克阿瑟所劃分的受降地區規定，中國（東北除外，由蘇俄受降）臺灣及越南北緯十六度以北地區，由我國受降。八月十五日，我最高統帥致電日本投降代表駐華派遣軍總司令岡村寧次大將，指示六項原則，聽候中國陸軍總司令何應欽上將命令。

何應欽上將為迅速辦理受降事宜，恢復全盤秩序，遵照蔣委員長的指示，指派就近之最高軍事長官分別接受日軍投降，分十五個區受降，一、第一方面軍盧漢在河內，二、第二方面軍張發奎在廣州，三、第七戰區余漢謀在汕頭，四、第四方面軍王耀武在長沙，五、第九戰區薛岳在南昌，六、第三戰區顧祝同在杭州，七、第三方面軍湯恩伯在南京上海，八、第六戰區孫蔚如在漢口，九、第十戰區李品仙在徐州，十、孫連仲在北平天律，李延年在濟南青島，十一、第一戰區胡宗南在洛陽，十二、第五戰區劉峙在郾城，十三、第二戰區閻錫山在太原，十四、第十二戰區傅作義在歸綏，十五、陳儀在臺灣。

以上各地區統共日軍投降之兵力，為一百二十八萬三千二百人，自三十四年九月十一日起，至十月中旬止，日軍大部業已繳械，集中完畢，經過情形，十分順利。惟蘇北山東華北方面，因受共匪阻礙及破壞交通關係，致未能完全按預定之日期完成，然經陸軍總部極力設法排除萬難，終於次年二月初旬，除小部分日軍被當地共匪部隊包圍繳械外，其他日軍，均已由國軍繳械完畢。

遣送之日俘日僑共二百零三萬九千九百七十四人，另有韓籍俘虜與韓僑及臺胞十萬餘人，分別集中於中國大陸及臺灣、海南島、越北各地，並由塘沽、青島、連雲港、上海、廈門、汕頭、廣州、海口、三亞、海防、基隆、高雄十二港口出港歸國。海運部分由美方負責。內運至港口則由我方負責。自三十四年十月底開始，至次年六月底，已全部遣送完畢。

（原載民國五十二年二月九日、十日《自立晚報》）

寫在劉健群先生大作的後面

《傳記文學》雜誌社發行人送閱劉健群先生大作我與宋哲元將軍的幾次交往一文，我迴環讀了三遍，牽動我二十多年前一段痛苦的回憶，叫我欽佩之餘不禁感慨萬千。

健群兄是最富熱誠活力愛國家愛領袖愛朋友有卓識有遠見的名政論家，他的詞鋒犀利洞見問題的癥結所在，為宋將軍明軒所最敬佩之好友，所以當七七事變前後，若干華北正在危疑震撼盪不安的情勢下，他兩次到達北平晤洽宋將軍，他同宋開誠佈公的懇談，及宋將軍的決心表示，叫我從健群兄大作的字裡行間如聞其聲，如見其人，因此我感念疇昔，對已逝世二十多年的宋將軍不覺悲涼悽愴，悼念不已。

當冀察政委會成立前後，我全國憂時愛國人士對宋將軍頗不諒解，報章亦詆毀備至，健群兄獨具隻眼，確認宋將軍是個愛國將領，決不作分裂國家的漢奸勾當，此點關係我中樞決策極鉅，所以我特別感謝健群兄的知人之明及其對國家的貢獻。健群兄所選派的宣介溪同志到二十九軍任政訓處處長，與我們朝夕相處知道的也特別清楚。且與宋將軍及我成了共患難的莫逆朋友。當日本憲兵拘留介溪同志時，宋將軍大為震怒，一面派蕭仙閣去交涉並聲言：「如果日方不立刻將宣君釋放出來，我即拘留日本駐屯軍的參謀長。」宣同志出來以後我即派員將他護送到保定回南方去了。因此我對介溪同志的忠誠坦白，熱情智慧，及他對國家的偉大貢獻與二十九軍的深厚友誼，始終耿耿在心，念念不忘。

健群兄文內對我揄揚太過，實在愧不敢當，我更希望他福壽康寧，多寫一些他親身經歷有關大局的文章，作為我們反攻建國的良好依據，將來我們回到北平再開懷暢飲熱烈紀念罷！

（原載《傳記文學》第一卷第三期）

馮上將仰之逝世週年感言

余自結識仰之將軍，迄其沒世幾近三十年，其間歷北伐抗日剿匪諸戰役，將軍靡役弗從，其勳業彪炳，載之戰史，勿庸多贅。至其謀國之忠，治軍之勤，事親之孝，交友之誠，凡屬知好，無不洞悉。茲謹就吾兩人在此悠長歲月中，往還經過二三事，覼縷述之，亦即曾子固先生所謂公與事之微意也。

當十六年北伐之役，將軍任第二集團軍第十四軍軍長駐確山，余率二十三軍駐駐馬店、西平、遂平一帶，以防地密邇，過從漸密。當晤洽之初，相知尚淺，但見其英風颯颯，身材魁偉，富幽默感，雅善詼諧，奮發有為之青年將領。殆歷時既久，相知彌深。其後麾師北上，所向克捷，終能樹立殊勳者，良非偶然。

二十二年春，日閥乘侵佔我東北三省之瘋狂勢燄，攻佔熱河，並進出長城各隘口，窺伺平津。我二十九軍奉命編為第三路軍，星夜向喜峯口、羅文峪兩地迎擊，總指揮為宋故上將哲元，余副之，並以將軍所部之三十七師、及張故上將自忠之三十八師，馳援喜峯口；以劉將軍汝明之一四三師，馳援羅文峪；晝夜兼程向目的地進發。三月九日午刻，我軍馳抵喜峯口附近，適敵人尾追我友軍，將進出喜峯口，敵我遂展開爭奪戰。各高地山峯，我軍得而復失，失而復得者數次，戰況極為劇烈。經十日十一日兩日拂曉，敵又以步砲空軍聯合之強大兵力，向我猛攻。將軍親督所部，奮勇殺敵，使敵終未能越雷池一步。十一日午後，余奉命馳赴前方視察，並與將軍及張故上將商討如何改守勢為攻勢，變被動為主動，以收殺敵致果之效。當吾三人會商於撒河橋險岸高地翼側土坡之際，將軍力主即日抽調其所部趙登禹、王治邦兩旅，乘夜由喜峯口兩側山地攀越抄襲敵之側背。商定後，余即馳返報告宋將軍裁可實施。經我軍此次猛烈強襲戰果，敵人傷亡枕藉，屍橫遍野，並將敵野砲十八門悉數破壞。嗣後，敵攻勢頓挫，我軍更常以部隊襲擊側翼，雙方相持於喜峯口之線者，亘兩月有餘。事後得承德方面情報，敵在承德開追悼陣亡將士大會，認為日本自侵華戰爭以來得未曾有之損失與恥辱，而我國上自最高統帥之嘉勉，以及各界之前往慰勞者，絡繹於途。追念前勳，是則將軍之指揮若定，出奇致勝之功，為不可沒也。

二十六年七月七日，敵人藉口搜查兩名失踪士兵，尋釁猛襲蘆溝橋，當時適宋故上將，請假回籍掃墓，余與將軍適當其衝。當即連夜商定，嚴令駐蘆溝橋之吉星文團，以對抗戰為軍人千載難逢之良機；守土犧牲，尤為軍人應盡之天職，蘆溝橋即為該團之墓地，一尺一寸之國土，不能讓與敵手。於是雙方增援，戰事遂擴大，展開全面抗戰之端緒。在最高統帥正確堅定領導指揮之下，收最後勝利之戰果，此經過戰史記載甚詳，勿再贅述。

回憶逝世，瞬已週年，緬懷音容，時縈夢寐，三十年老友，一旦永訣，中心蘊結，傷感如搗。當將軍逝世之前三日，曾過我暢談半日，曾謂其腳疾已痊，而精神煥發，情緒愉快，其幽默詼諧，一如往昔。孰料三日後撒手塵寰，一瞑不起耶。茲當週年之期，追念前塵，百感交集，拉雜寫來，絕未敢稍涉溢美，致失公與事之原意云爾。

悼念何公雪竹

憶北伐時期國民革命軍底定華北之日，散亂部隊爭率歸附者，固有我主義之號召及總統蔣公之德威，而眾望所寄之北平行營主任何雪竹先生，綏撫之功尤足多也。雪公志節恢宏，秉賦仁厚，寬而緊，疆而義，行乎九德，夙聞之久矣！迄至抗戰軍興，猶未能受知焉。民國二十九年秋，余在西安執行陝甘晉青駐軍之軍風紀巡察任務，適奉命調任軍事委員會軍法副監。友好李故筱和兄過我，深為我慶，具道總監雪公盛德懿行，定能款洽合作，力促就道，余始於是冬赴渝接任。濫竽五載，深切認識雪公之為人，及其對於國家之貢獻。於今已二十年，雪公雖歸道山，而縈懷於衷，謹舉數端，藉表追念：

一、宅心為國，敬其祥刑：抗戰時期，新疆大獄繁興，囹圄為滿。三十二年冬，中央飭軍法總監部派員清理，高級法官室余中將良材，及現在臺之前軍法局副局長曹秉喆等，受命前往。瀕行，雪公指使曰：「茲有原則五項願汝等堅守之：一、勿影響蘇俄邦交；二、勿引起共黨磨擦；三、顧及地方治安；四、維護法律尊嚴；五、尊重被告利益。」蓋伊時新疆環境特殊，稍一不慎，或將影響於大局。但國法之尊嚴，與夫被告之利益，乃執法人員所拳拳服膺者，故須在兼籌並顧之下，以達成任務。幸余曹諸同志不辱使命，圓滿解決，獲釋者千餘人，不徒被昭雪者，蒙其嘉惠，而宣揚中德威，敷祥刑於邊陲，蓋端賴雪公之剴切指導，有以教之也。

二、寬猛並濟，激勵戰志：昔曹劌與魯莊公論戰：「小大之獄，雖不能察，必以情。」「是忠之屬也，可以一戰矣。」雪公居常以此言告誡部屬，為戰時執法之座右銘。觀其治獄也，誠本此旨意，衡情論法。其罪證確鑿者，依法不赦；情有寃抑者，則據法力爭。常有檢呈數次終獲平反者，如天津人高某，奉派白渝赴陷區搶購物資，雖曾印發敵鈔，偽造貨幣，而有擾亂金融之嫌，但罪不至死。本案數經據爭，始獲末減。高某之親友王某現仍在臺，據云曾兩度擡棺守候，待殮於刑場也。以是而罪有應得者，無所怨尤；情本無辜者，獲得保障；其忠於軍民也如此。夫然後畏威懷刑，崇德報功，而戰志昂揚矣。

三、慧識卓絕，法曹咸服：當民國三十四年秋，徐道隣先生以殺父之仇，控馮玉祥氏於軍事委員會，奉交軍法總監部辦理。狀云：「事在民國十四年冬，迄將二十年矣，現以時效所關，又不願以在職之身而興訟，故辭卸行政院政務處長職務，而及時告發。」馮固軍事委員會之副委員長也，而雪公亦曩在軍政部時與徐父有舊，死難經過，為所深悉，因而深感棘手。迨承辦人員簽擬傳案，雪公召之曰：「該案迄將二十載，依法仍當處理乎，容有研究之餘地也。」本案關鍵，一語道破。承辦人更加深入研究，具悉依現行規定。殺人罪追訴權之消滅時效為二十年，固不超過，但適用最有利於行為人之法律為暫行新刑律，依該律規定，追訴權之消滅時效，則為十五年，本案早已逾越矣。以是予以判決不受理，更無庸傳案，遂告終結。雪公之慧識卓絕，片言折獄，法曹敬服，案卷迄今仍存在焉。

雪公畢生矢志革命，功在黨國，樹績疆圻，照耀青編，而其自奉之節約，澹泊之襟懷，獎掖後進，樂於助人，恂恂然儒者風度，足為後人典範。今逝世一週年矣，緬懷往昔，猶親謦欬，愛書鱗爪，聊誌悼思。

血歷史159　PC0865

新銳文創
INDEPENDENT & UNIQUE

秦德純和他的回憶錄

作　　者　秦德純
主　　編　蔡登山
責任編輯　鄭夏華
圖文排版　詹羽彤
封面設計　王嵩賀

出版策劃　新銳文創
發 行 人　宋政坤
法律顧問　毛國樑　律師
製作發行　秀威資訊科技股份有限公司
114 台北市內湖區瑞光路76巷65號1樓
電話：+886-2-2796-3638　傳真：+886-2-2796-1377
服務信箱：service@showwe.com.tw
http://www.showwe.com.tw
郵政劃撥　19563868　戶名：秀威資訊科技股份有限公司
展售門市　國家書店【松江門市】
104 台北市中山區松江路209號1樓
電話：+886-2-2518-0207　傳真：+886-2-2518-0778
網路訂購　秀威網路書店：https://store.showwe.tw
國家網路書店：https://www.govbooks.com.tw

出版日期　2019年10月　BOD一版
定　　價　290元

Printed in Taiwan

國家圖書館出版品預行編目

泰德純和他的回憶錄 / 泰德純原著；蔡登山主編. -- 一版. -- 臺北市：新銳文創, 2019.10

面； 公分. -- (血歷史；159)

BOD版

ISBN 978-957-8924-70-3 (平裝)

1. 泰德純 2.回憶錄

782.887 108014815

讀者回函卡

感謝您購買本書，為提升服務品質，請填妥以下資料，將讀者回函卡直接寄回或傳真本公司，收到您的寶貴意見後，我們會收藏記錄及檢討，謝謝！如您需要了解本公司最新出版書目、購書優惠或企劃活動，歡迎您上網查詢或下載相關資料：http:// www.showwe.com.tw

您購買的書名：＿＿＿＿＿＿＿＿＿＿＿＿＿＿＿＿

出生日期：＿＿＿＿年＿＿＿＿月＿＿＿＿日

學歷：□高中（含）以下　□大專　□研究所（含）以上

職業：□製造業　□金融業　□資訊業　□軍警　□傳播業　□自由業

□服務業　□公務員　□教職　□學生　□家管　□其它＿＿

購書地點：□網路書店　□實體書店　□書展　□郵購　□贈閱　□其他

您從何得知本書的消息？

□網路書店　□實體書店　□網路搜尋　□電子報　□書訊　□雜誌

□傳播媒體　□親友推薦　□網站推薦　□部落格　□其他＿＿＿＿

您對本書的評價：（請填代號　1.非常滿意　2.滿意　3.尚可　4.再改進）

封面設計＿＿　版面編排＿＿　內容＿＿　文／譯筆＿＿　價格＿＿

讀完書後您覺得：

□很有收穫　□有收穫　□收穫不多　□沒收穫

對我們的建議：＿＿＿＿＿＿＿＿＿＿＿＿＿＿＿＿

請貼
郵票

11466
台北市內湖區瑞光路 76 巷 65 號 1 樓

秀威資訊科技股份有限公司　收

BOD 數位出版事業部

（請沿線對折寄回，謝謝！）

姓　名：＿＿＿＿＿＿＿＿　年齡：＿＿＿＿　性別：□女　□男

郵遞區號：□□□□□

地　址：＿＿＿＿＿＿＿＿＿＿＿＿＿＿＿＿

聯絡電話：(日)＿＿＿＿＿＿＿＿（夜）＿＿＿＿＿＿＿＿

E-mail：＿＿＿＿＿＿＿＿＿＿＿＿＿＿＿＿